东南学术文库
SOUTHEAST UNIVERSITY ACADEMIC LIBRARY

新中国高校俄语教师职业发展环境研究

Research on the Professional Development Environment of Russian Language Teachers in New China's Universities

陶 源 ◆ 著

东南大学出版社
·南京·

编委会名单

主任委员：郭广银
副主任委员：周佑勇　樊和平
委　　　员：（排名不分先后）
　　　　　　王廷信　王　珏　王禄生　龙迪勇
　　　　　　白云飞　仲伟俊　刘艳红　刘　魁
　　　　　　李霄翔　汪小洋　邱　斌　陈志斌
　　　　　　陈美华　欧阳本祺　徐子方　徐康宁
　　　　　　徐　嘉　董　群
秘　书　长：白云飞
编务人员：甘　锋　刘庆楚

身处南雍　心接学衡
——《东南学术文库》序

每到三月梧桐萌芽,东南大学四牌楼校区都会雾起一层新绿。若是有停放在路边的车辆,不消多久就和路面一起着上了颜色。从校园穿行而过,鬓后鬓前也免不了会沾上这些细密嫩屑。掸下细看,是五瓣的青芽。一直走出南门,植物的清香才淡下来。回首望去,质朴白石门内掩映的大礼堂,正衬着初春的朦胧图景。

细数其史,张之洞初建三江师范学堂,始启教习传统。后定名中央,蔚为亚洲之冠,一时英杰荟萃。可惜书生处所,终难避时运。待旧邦新造,工学院声名鹊起,恢复旧称东南,终成就今日学府。但凡游人来宁,此处都是值得一赏的好风景。短短数百米,却是大学魅力的极致诠释。治学处环境静谧,草木楼阁无言,但又似轻缓倾吐方寸之地上的往事。驻足回味,南雍余韵未散,学衡旧音绕梁。大学之道,大师之道矣。高等学府的底蕴,不在对楼堂物件继受,更要仰赖学养文脉传承。昔日柳诒徵、梅光迪、吴宓、胡先骕、韩忠谟、钱端升、梅仲协、史尚宽诸先贤大儒的所思所虑、求真求是的人文社科精气神,时至今日依然是东南大学的宝贵财富,给予后人滋养,勉励吾辈精进。

由于历史原因,东南大学一度以工科见长。但人文之脉未断,问道之志不泯。时值国家大力建设世界一流高校的宝贵契机,东南大学作为国内顶尖学府之一,自然不会缺席。学校现已建成人文学院、马克思主义学院、艺术学院、经济管理学院、法学院、外国语学院、体育系等成建制人文社科院系,共涉及6大学科门类、5个一级博士点学科、19个一级硕士点学科。人文社科专任教师800余人,其中教授近百位,"长江学者"、国家"高级人才计划"哲学社会科学领军人才、全国文化名家、"马克思主义理论研究和建设工程"首席专家等人文社科领域内顶尖人才济济一堂。院系建设、人才储备以及研究平台等方面多年来的铢积锱累，为东南大学人文社科的进一步发展奠定了坚实基础。

在深厚人文社科历史积淀传承基础上，立足国际一流科研型综合性大学之定位，东南大学力筹"强精优"、蕴含"东大气质"的一流精品文科，鼎力推动人文社科科研工作，成果喜人。近年来，承担了近三百项国家级、省部级人文社科项目课题研究工作，涌现出一大批高质量的优秀成果，获得省部级以上科研奖励近百项。人文社科科研发展之迅猛，不仅在理工科优势高校中名列前茅，更大有赶超传统人文社科优势院校之势。

东南学人深知治学路艰，人文社科建设需戒骄戒躁，忌好大喜功，宜勤勉耕耘。不积跬步，无以至千里；不积小流，无以成江海。唯有以辞藻文章的点滴推敲，方可成就百世流芳的绝句。适时出版东南大学人文社科研究成果，既是积极服务社会公众之举，也是提升东南大学的知名度和影响力，为东南大学建设国际知名高水平一流大学贡献心力的表现。而通观当今图书出版之态势，全国每年出版新书逾四十万种，零散单册发行极易淹埋于茫茫书海中，因此更需积聚力量、整体策划、持之以恒，通过出版系列学术丛书之形式，集中向社会展示、宣传东南大学和东南大学人文社科的形象与实力。秉持记录、分享、反思、共进的人文社科学科建设理念，我们郑重推出这套《东南学术文库》，将近年来东南大学人文社科诸君的研究和思考，付之梨枣，以飨读者。

是为序。

《东南学术文库》编委会
2016年1月

序 1

回首历史，俄语教育与党同龄，走过了百年历程，曾为中国共产党的创建、马克思主义著作的翻译与传播、马克思主义中国化做出了重要贡献。新中国成立后，俄语专业成为高等学校外语教育领域重镇，为新中国对外交流与合作打下了坚实基础，取得了令人瞩目的成绩。中国俄语教育教学的舞台上有着几代教师的努力、奋斗和坚守，他们的故事无疑值得我们了解、熟知、纪念和研究。

在新时代的中国日益走近全球舞台中央的今天，培养具有家国情怀、全球视野、专业本领的复合型人才，让中国更好地走向世界，让世界更好地了解中国，成为中国高校俄语专业教师的重要使命。在百年未有之大变局条件下，中国俄语专业教育教学如何服务国家对外开放战略需求和地方经济社会发展，俄语专业教师如何坚持立德树人根本任务，不忘初心，牢记使命，守正创新，不断提升自身俄语教学科研能力，为中国式俄语教育现代化努力奋斗，成为摆在每一名俄语专业教师面前的时代课题。在此背景下，俄语专业教师发展与教学研究的重要意义愈发凸显，陶源教授新著《新中国高校俄语教师职业发展环境研究》的出版恰逢其时。

通过本书作者的辛勤耕耘，我们可以触摸到中国俄语专业教师职业发展环境的方方面面，可以感受到俄语专业教师职业发展经历的起起伏伏。我想，我们每一名俄语专业教师都能够从中感受到自己的气息，找到前辈的发展轨迹和自己的奋斗身影，深入认识俄语专业教师的内心世界、知识结构以及他们的信念和坚持，因此，本书的出版无疑能够映射我们这一代俄语专业教师的历史、前途与命运。

我们知道,教师研究具有跨学科性,它要求研究者掌握语言学、社会学、心理学等多领域的理论基础和定性、定量研究的综合研究方法,还需要研究者具有较深的具身体验,真实、细致地书写这一群教师的感人故事。教师首先是一群思维活跃、经历丰富的人,需要研究者以足够的情感和科学的方法加以体察、发现和分析。跨学科性、知识载量的丰富性和研究的真实性无疑是本书的亮点之一。

作为国内首部以质性方法研究中国俄语专业教师的著作,本书具有开创性的意义。第一,本书以质性研究方法,以编码和范畴化对俄语专业教师发展中涉及的环境因素进行归纳和提炼,是对以往经验式描写的突破。第二,作者认为,宏观、中观和微观环境在俄语专业教师的发展中交替发生作用,其中意识形态和中俄关系对俄语专业教师发展的作用强于其他语种专业教师,这是一种新的学术观点。第三,本书首次以访谈、笔记、课堂观察方式等搜集第一手数据,记录和再现新中国俄语专业教师70余年的发展和心路历程,为研究提供了真实、客观的数据。

本书的价值在于为英语以外的多语种专业教师研究提供了宝贵的经验和可行的思路,有助于学界进一步深入了解这一重要的研究领域,从而为多语种专业教师发展与教学研究开辟更加广阔的空间,吸引更多的多语种专业教师进入这一研究领域,并在研究过程中对自己的职业、经历、与环境的互动产生新的理解和认知。

期待陶源教授著作的出版能够唤起社会各界对于中国俄语专业教师这一吃苦耐劳、勇于奉献群体的更多关注,为他们的职业生涯发展提供多方支持,进而推动我国俄语教育事业在新时代高质量发展;同时,我们也期待全国高校俄语专业教师在新征程中努力奋斗,不断进取,取得更好的成绩。

刘　宏

2023年6月于大连外国语大学

序 2

俄语教师是新中国高校外语教师队伍中的一支中坚力量,为新中国的外事、外交、科研和教学等领域培养了大量高素质的专业人才。近20年来,随着中俄两国关系的不断深化和提升,我国对俄语人才的需求量激增,各高校俄语专业的发展进入了"快车道"。开设俄语专业的院校已由2004年的65所增加到了目前的约180所,专任俄语教师也从2004年的625名增至现在的1600多名。我们的俄语教师不仅队伍得以壮大,而且在一些硬性指标上也都优于我们的前辈。与他们相比,现职俄语教师具有"三高"的优势:第一,学历高:据不完全统计,具有博士学位教师占比42.9%,硕士学位比例为52.1%;第二,国际化程度高:绝大多数教师有在俄学习、进修或工作的经历(而1980年代末至1990年代初陆续退休的老前辈们有相当一部分尽管教了一辈子的俄语,但从未去过苏联);第三,具有高级职称的教师比例高:近54.3%的教师都具有高级职称,其中教授16.4%,副教授37.9%。

这支队伍的职业发展环境究竟如何?陶源教授的新著将俄语教师作为一个特征性群体,并就此群体的职业发展环境进行了系统研究。

我认为此书有以下几个特色:首先,以专著的形式对我国高校俄语教师群体的职业发展环境问题展开研究,这在我国学术界尚属"首创"。其次,此书对新中国俄语教育70多年进行了历时性梳理,将俄语教师发展环境分为三个时期。再次,作者运用社会文化理论和生态系统理论对相关论题作了深刻阐发。最后,作者在阐述当下现状时,联系《普通高等学校本科专业类教学质量国家标准》《普通高等学校本科俄语专业教学指南》《新文科建设宣言》等纲领性指导文件,"思考中国俄语教师职业发展的多维问题",并"提出改善环境的对策"。还值得一提的是,作者应用社会学研究方法(如中国俄语教师访谈和课堂观察数据等)来分析相关论题,实现了量化研究对质性研究的补充与完善。

任何事物的发展都离不开外部条件和内在因素。此书对高校俄语教师的职业发展环境作了多维探讨,我们期待陶源教授探究其"内在因素"的力作早日问世。

是为序。

王加兴
2023 年 10 月 7 日于南京大学和园

摘 要

中国俄语教育发端较早,自中国共产党成立以来,俄语教学就作为向苏俄(联)学习的工具和国内外语教育的典型模式而备受关注。新中国成立初期,俄语成为最早开设的语种,得到了党中央、教育部等的高度重视,中国经历了俄语教学的第一个高潮。70余年来,中国的外语教育政策几经更迭,中俄关系起起伏伏;中国俄语教师的命运始终和教育政策、外部环境紧密关联。

教师研究经历了由理性因素到环境因素的转变,在教师发展的环境研究中,传统心理学模式曾经占有主导地位。近几十年来,随着人本主义教师研究范式的兴起,基于维果茨基(Vygotsky)社会文化理论和布郎芬布伦纳(Bronfenbrenner)生态系统理论的研究开启了一种新的模式,即认为人的发展与多层次的环境有关,且环境与人的关系并非单向的,而是互动共生的关系。

本书正是以社会文化理论和生态系统理论为基础,对新中国70余年的俄语教师发展环境进行实证研究的尝试之作。全书分为三个部分:第一部分是中国俄语教师发展环境研究导言和理论基础;第二部分是本书的核心,以一手数据对中国俄语教师发展环境进行分期的质性研究;第三部分是全书的结论与展望。

第一部分包括3章。第一章导言,指出研究缘起、研究价值、研究方法、思路和框架;第二章对新中国俄语教育70余年的总体情况进行了多维度的梳理;第三章梳理教师发展环境研究成果,认为已有研究集中于传统心理学视角,基于社会文化理论视角和生态系统理论的研究相对缺乏。第二部分由6章组成,均采用质性研究方法。第四章为历时研究,以生态系统理论为基础，以30～80岁的10位中国俄语教师访谈和课堂观察数据为基础，从大系统、外系统、中间系统和微系统4个维度对70余年中国俄语教师的职业发展进行了研究；第五章以4位老一辈俄语教师的访谈、回忆文章和口述史为数据来源，研究了新中国成立初期的俄语教师发展环境；第六章以生态系统理论的4个维度探究从1967年俄语教学复苏至1991年的中国俄语教师发展环境；第七章至第九章均探讨2012年以来中国俄语教师发展环境问题，其中第七章基于社会文化理论研究了两位新手俄语教师的职业适应问题，第八章运用生态系统理论研究了《普通高等学校本科专业类教学质量国家标准（外国语言文学）》和《普通高等学校本科俄语专业教学指南》与俄语教师能动性的互动关系问题。第九章基于生态系统视角，以3位俄语教师为对象，探讨了《新文科建设宣言》与中国俄语教师能动性的关系。第三部分为研究结论与展望，对新中国70余年的俄语教师发展环境进行理论思考和模式构建，思考非通用语教师发展环境研究的个性和共性问题，总结不足，展望未来。

总之，以新中国外语教育政策变迁为背景，本书以新中国俄语教育70余年的发展为纵向线索，以教师发展的环境理论为横向线索，对新中国俄语教师职业发展环境问题进行了较为全面的、历时与共时结合的探索和研究。书中以访谈、课堂观察、笔记搜集、微信记录等方式搜集一手数据，并对数据进行科学的编码，以此为基础，对俄语教师发展的宏观环境、外部环境、学校环境、家庭环境和自身因素等进行了微观、实证的描写，并尝试性地研究了教师和环境的互动和共生。本书将为非通用语教师研究提供科学而可行的范式，也将为教师发展环境研究提供更为广阔的空间。

目 录

第一章　导言 …………………………………………………………… (1)
  1.1　选题缘起及研究价值 ………………………………………… (1)
    1.1.1　选题缘起 ……………………………………………… (1)
    1.1.2　研究价值 ……………………………………………… (3)
  1.2　研究目标、研究内容和创新点 ………………………………… (6)
    1.2.1　研究目标 ……………………………………………… (6)
    1.2.2　研究内容 ……………………………………………… (6)
    1.2.3　创新点 ………………………………………………… (7)
  1.3　研究思路、研究方法和实施步骤 ……………………………… (7)
    1.3.1　研究思路 ……………………………………………… (7)
    1.3.2　研究方法 ……………………………………………… (8)
    1.3.3　实施步骤 ……………………………………………… (8)
  1.4　研究框架 ……………………………………………………… (8)

第二章　新中国成立以来外语教育政策中的俄语教育 ……………… (12)
  2.1　主要分期 ……………………………………………………… (12)
  2.2　主要文件 ……………………………………………………… (14)
  2.3　培养模式 ……………………………………………………… (17)
  2.4　教材编写 ……………………………………………………… (20)
  2.5　重要组织及活动 ……………………………………………… (21)

2.6 结语 ……………………………………………………………… (22)

第三章 国内外教师发展环境研究述评 ………………………………… (23)
  3.1 传统心理学视角下的教师发展环境要素与结构研究 ……… (25)
  3.2 社会文化理论视角下的教师发展研究 ……………………… (26)
    3.2.1 维果茨基的社会文化理论 ……………………………… (26)
    3.2.2 社会文化理论视角下的教师研究 ……………………… (32)
  3.3 生态系统理论下的教师发展研究 …………………………… (36)
    3.3.1 支撑教师研究的生态系统理论 ………………………… (36)
    3.3.2 早期生态系统理论下的教师研究 ……………………… (39)
    3.3.3 生态系统理论下教师研究的新问题 …………………… (40)
  3.4 研究简评 ……………………………………………………… (41)
  3.5 结语 …………………………………………………………… (42)

第四章 新中国高校俄语教师职业发展生态环境的历时研究 ……… (44)
  4.1 引言 …………………………………………………………… (44)
  4.2 理论基础 ……………………………………………………… (45)
    4.2.1 生态系统理论 …………………………………………… (46)
    4.2.2 教师教育的生态环境 …………………………………… (46)
  4.3 新中国俄语教育政策及俄语教学的变化 …………………… (47)
  4.4 研究设计 ……………………………………………………… (49)
    4.4.1 研究问题 ………………………………………………… (49)
    4.4.2 调查对象 ………………………………………………… (49)
    4.4.3 研究工具与数据搜集 …………………………………… (50)
    4.4.4 研究步骤 ………………………………………………… (51)
  4.5 数据分析 ……………………………………………………… (51)
    4.5.1 访谈问题设计 …………………………………………… (51)
    4.5.2 研究发现 ………………………………………………… (52)
  4.6 讨论与启示 …………………………………………………… (58)
    4.6.1 讨论 ……………………………………………………… (58)
    4.6.2 研究启示 ………………………………………………… (60)
  4.7 结语 …………………………………………………………… (60)

第五章　新中国成立 17 年间的俄语教师职业发展生态环境研究 ……(62)
5.1　新中国成立 17 年间的俄语教育政策及教学发展 …………(62)
5.1.1　1949—1956 年的俄语教育政策及教育发展 …………(62)
5.1.2　1957—1966 年期间的俄语教育政策及教育发展 ……(65)
5.2　研究方法 ………………………………………………………(66)
5.2.1　研究设计 ……………………………………………………(66)
5.2.2　研究问题 ……………………………………………………(67)
5.3　数据分析 ………………………………………………………(68)
5.3.1　大系统下的俄语教师职业发展 …………………………(68)
5.3.2　外系统下的俄语教师职业发展 …………………………(70)
5.3.3　中间系统下的俄语教师职业发展 ………………………(72)
5.3.4　微系统下的俄语教师职业发展 …………………………(74)
5.4　讨论 ……………………………………………………………(75)
5.5　结语 ……………………………………………………………(77)

第六章　中国俄语教育复杂期的俄语教师发展环境研究 …………(78)
6.1　引言 ……………………………………………………………(78)
6.2　外语教师情感研究 ……………………………………………(79)
6.2.1　教师情感的核心概念 ……………………………………(79)
6.2.2　外语教师情感体验 ………………………………………(80)
6.2.3　外语教师情感形成及影响因素 …………………………(81)
6.3　研究方法 ………………………………………………………(82)
6.3.1　研究设计 ……………………………………………………(82)
6.3.2　数据搜集 ……………………………………………………(82)
6.3.3　参与者 ………………………………………………………(83)
6.4　中苏关系复杂期俄语教师情感体验分析 …………………(83)
6.4.1　正向情感 ……………………………………………………(84)
6.4.2　负向情感 ……………………………………………………(85)
6.4.3　混合情感 ……………………………………………………(86)
6.5　讨论 ……………………………………………………………(87)
6.5.1　微系统与教师情感/信念的交互 ………………………(87)
6.5.2　中间系统与学校硬件和政策 ……………………………(88)

  6.5.3 外系统与中苏关系的影响 ……………………………………… (89)
  6.5.4 大系统与外语政策的改善 ……………………………………… (90)
 6.6 结语 …………………………………………………………………… (91)

第七章　社会文化理论视角下新入职俄语教师的职业适应研究 ……… (92)
 7.1 引言 …………………………………………………………………… (92)
 7.2 职业适应 ……………………………………………………………… (93)
 7.3 社会文化理论 ………………………………………………………… (93)
 7.4 研究设计 ……………………………………………………………… (95)
  7.4.1 研究背景 ………………………………………………………… (95)
  7.4.2 研究对象 ………………………………………………………… (95)
  7.4.3 研究方法 ………………………………………………………… (96)
  7.4.4 数据搜集与分析 ………………………………………………… (96)
 7.5 研究发现 ……………………………………………………………… (97)
  7.5.1 现实与困境 ……………………………………………………… (97)
  7.5.2 支持与发展 ……………………………………………………… (99)
  7.5.3 发展阶段 ………………………………………………………… (101)
 7.6 结语 …………………………………………………………………… (104)

第八章　《新国标》背景下俄语教师职业能动性研究：生态环境视角
 ……………………………………………………………………………… (106)
 8.1 引言 …………………………………………………………………… (106)
 8.2 教师能动性及生态系统理论 ………………………………………… (107)
  8.2.1 能动性的定义 …………………………………………………… (107)
  8.2.2 政策变化中的教师能动性 ……………………………………… (107)
 8.3 研究方法 ……………………………………………………………… (109)
  8.3.1 研究设计 ………………………………………………………… (109)
  8.3.2 参与者 …………………………………………………………… (109)
  8.3.3 数据搜集 ………………………………………………………… (110)
 8.4 数据分析 ……………………………………………………………… (111)
  8.4.1 大系统视角下的教师能动性 …………………………………… (111)
  8.4.2 外系统视角下的教师能动性 …………………………………… (114)

8.4.3　中间系统视角下的教师能动性 ……………………… (116)
　　8.4.4　微系统视角下的教师能动性 ……………………… (118)
　8.5　讨论 ……………………………………………………… (120)
　8.6　结语 ……………………………………………………… (123)

第九章　《新文科建设宣言》语境下俄语教师能动性研究：生态环境视角
　……………………………………………………………… (125)
　9.1　引言 ……………………………………………………… (125)
　9.2　理论基础与研究现状 …………………………………… (126)
　　9.2.1　外语教师研究的生态系统理论 …………………… (126)
　　9.2.2　新文科研究现状 …………………………………… (127)
　9.3　研究方法 ………………………………………………… (128)
　　9.3.1　研究设计 …………………………………………… (128)
　　9.3.2　参与者 ……………………………………………… (129)
　　9.3.3　数据搜集 …………………………………………… (129)
　9.4　数据分析 ………………………………………………… (130)
　　9.4.1　《新文科建设宣言》大系统下的俄语教师能动性 … (130)
　　9.4.2　《新文科建设宣言》外系统下的俄语教师能动性 … (134)
　　9.4.3　《新文科建设宣言》中间系统下的俄语教师能动性 … (136)
　　9.4.4　《新文科建设宣言》微系统下的俄语教师能动性 … (138)
　9.5　讨论 ……………………………………………………… (141)
　9.6　结语 ……………………………………………………… (143)

第十章　结论与展望 ……………………………………………… (145)

参考文献 ………………………………………………………… (149)

后记 ……………………………………………………………… (173)

第一章

导　　言

1.1　选题缘起及研究价值

1.1.1　选题缘起

教育质量的本质性提高首先取决于教师,教师教育又首先取决于他们的职业发展,因此,要提高外语教育质量首先要研究外语教师的职业发展。影响职业发展的要素之一是外部环境。

教师发展环境的研究首先起源于人与环境关系的探究。一直以来,教育学上都存在着"环境人"和"理性人"的假说,美国著名教育学家杜威的观点很好地诠释了"环境人"的概念:成年人行动方式多多少少是由环境决定的(杜威,2014)[35]。据此,教师也需要在环境中,或者说通过环境来实现自己的职业发展。"环境人"作为一种哲学的人性生成假说,为教师的职业发展环境提供了理论基础。

"理性人"的教师形象假设将教师完全从教育环境、教育情景中支离出来,从而隔断了教师与教育生活之间的融合式关系,教师的生存和发展变成了孤立的存在。"理性人"是孤立于环境而存在的仅从理智和认识出发的人。根据这种假设,教师不再是有血有肉、具体鲜活的人。

实际上,人与环境是相互依存、相互生成的,人的身体就生活在一种环境所环绕的境遇之中,环境是人的环境,人是环境的人,人与环境相互参照、相互定义,这就是"环境人"的概念。根据这一假设,教师发展和他们生存的环境密不可分。长期以来,学界对于理性人、宗教人、社会人、经济人等讨论较多,而对于"环境人"则关注较少。

在教师发展环境的研究中,教师与环境渐趋统一,相互影响,我们可以从以下两个方面对此进行理解:

(1) 成长环境对教师发展的多样性具有重要作用

"环境人"假说认为:教师所处的环境有宏观环境、中间环境、微观环境等。各类环境对人的影响既有理性的,也有非理性和无理性的,教师在这种多重的环境影响下,其教育行为表现为自主性和不自主性的统一。其中,教育的观念、制度、知识等会使教师行为表现出自主性,而环境中的先验传统、固有规则、自然惯例等则会导致教师行为的自主性和不自主性。由此可见,教师行为的自主性和不自主性都更多来自环境的影响。

(2) 教师发展必须立足于环境并与环境互动成长

作为教师发展的知识来源和根本依托,环境是教师一切专业发展的源泉。根据建构主义的观点,人与环境的互动、生存经验和达成平衡是人成长的根本条件,因此,教师的发展和成长也不能脱离环境而实现,教师始终与环境同呼吸、共命运、相互促进、相互生成,教师发展的研究也离不开对教师与环境互动机制的揭示和探究。

20世纪80年代起,国内学界开始对教师发展问题进行研究。研究首先关注教师自身因素,如教师的认知能力和专业素质,教师的知识构成要素,以及教师发展的阶段性问题、教师的成长等。国外教师发展外部因素的研究始于社会文化理论的兴起及其框架下的对于教师发展情境的探究(Freeman, 2002; Putnam et al., 2000)。进入21世纪以来,全球化和社会变革加速了外部结构与内部意义直接的矛盾,外语教师总体上面临着职业发展的困惑和迷茫(徐浩,2014;张莲,2013;周燕,2005,2011;文秋芳 等,2017a,2017b)。在此情境下,我们需要研究教师的发展环境和真实世界(叶澜 等,2001)。环境研究对于外语教师的意义毋庸置疑。

本书聚焦于外语教师中的一个群体:俄语教师。研究缘起主要有两方面:一是新中国外语教育的70多年中,中苏(俄)关系几度变迁,外语语种专业、外语人才培养目标、课程教学目标、教学内容、教学方法和教学手段都发生了多次转变(文秋芳,2019)。俄语教师身处其中,其职业发展环境也必然经历了多次的起伏。二是笔者长期工作在俄语教学第一线,亲身感受到俄语教师发展的困境,接触了老中青几代俄语人,感受到老一辈俄语人的情怀,也体会到青年俄语教师的发展困境和压力,希望能以自己的研究唤起国内外学界对于这一群体的关注。

通过和几代俄语教师的交流,笔者发现,环境对他们的影响远大于他们的知识结构和认知能力等。教师作为一个完整的人和周围人以及环境的互动促进或阻碍着他们的职业发展。通过文献阅读,我们发现,俄语教师具有外语教师的普遍品质,即老一辈外语教师是"用精神行走的人"。一方面,老一辈外语教师以精神力量为国家、为学生、为外语教育事业开天辟地(周燕,2011);另一方面,他们在与环境的顺应与博弈中完善和成就自我,寻求自身的职业发展(顾佩娅 等,2015)。认识到教师发展环境的重要性,特别是认识到老一辈外语教师积极与环境互动,并在其中寻找自身发展的途径,结合当下教师受环境制约的现状,我们深感研究当代外语教师,特别是身边的俄语教师的发展环境和生存状况,对于他们探索主体精神、寻求自身发展具有重要意义。

由此,本书旨在思考以下问题:

(1)在不同的俄语教育发展时期,俄语教师经历了怎样的发展环境。各时期的环境对教师存在怎样的促进或阻碍作用。

(2)俄语教师怎样与环境互动,并在不同的时期实现自己的职业发展。

(3)新时期俄语教师面对教学改革和新的语言政策,怎样调整自我,实现自身发展。

要回答这些问题,先要了解中国俄语教育70多年来的总体环境,还要从理论层面回答环境的本体论、认识论和方法论问题,更重要的是要对俄语教师这一群体进行调查研究,在大量的数据中把握70多年来俄语教师专业发展环境的本质并探寻教师与环境的关系。为此,本书以质化研究为基本方法,力求掌握几代中国俄语教师发展的一手数据,以生态系统理论和社会文化理论为研究基础,实现外部环境与研究对象本身的互动性思考。

1.1.2 研究价值

教师发展环境理论经历了从传统心理学→社会文化理论视角→生态环境视角的历程。

传统心理学应用于教师发展环境,主要聚焦于社会心理环境(Fraser,

1989,1998;Moos,1974,1984)。研究者采用对环境要素类别与结构的精细化分析和基于量表的调查研究,从不同角度对各类教师群体的社会心理环境现状进行了探索(Dorman,2000;孙云梅,2010)。然而,社会心理环境理论受到行为二元对立模式的影响,重视客观环境对教师个体的影响,而对于教师与环境的相互依赖和相互作用则关注较少。社会文化理论视角为这种相互关系的研究提供了依据,它与传统的心理观不同,旨在从教师主体及其复杂的社会性和交互性出发去看待环境因素,更加重视宏观社会政治和文化环境对教师发展的影响(Jurasaite-Harbison et al.,2010;Lasky,2005)。

人本主义思想下的社会文化理论对教师发展环境具有较强的解释力,依据社会文化理论,学者们研究了环境与教师认知(Day,2011;Gu et al.,2007);环境与教师职业倦怠、职业满意度和职业效能度等的关系(张庆宗,2011;Johnson et al.,2015;Xu,2013);环境与教师教学、科研和专业学习等实践的关系(Borg et al.,2013;张莲,2013)。

作为人与环境关系经典理论的延伸(Lewin et al.,1936),人类发展生态系统理论同样以人本主义为基础(Bronfenbrenner,1979,2005),吸取了社会文化理论、复杂系统理论和叙事探究等研究的理念,为语言教师的发展环境研究提供了一种"以人为本、天人合一"的理念和新视角。该理论起初关注儿童的发展问题,也为成人发展研究提供了理论框架。根据该理论,人的发展与多层次的环境有关,如家庭、学校、社区等,并把这些环境分为微系统、内部系统、外部系统、宏观系统和时间系统,进而确定了教师教育生态环境的具体框架(Zeichner,2006,2008)。

可以说,凸显环境关注,强调主体对环境的感知和回应使得该理论具有较强的解释力(宋改敏,2011)。

人类发展生态学将环境视为包含发展中个体,以及和个体的发展互相影响的所有事物和条件之和。根据生态学的观点,教师发展环境是教师的生活和职业生存世界,但是这个世界是通过教师本身体验和感知而形成的。生态学视角下的教师发展环境是一个三层彼此嵌套式结构,这三层分别是个人环境、学校环境和社会文化环境(Barkhuizen et al,2008)。这种注重个体自身发展的新的环境观成为很多教师发展现象的理论依据。

外语教师发展生态环境研究主要为国际研究。国内的外语教师环境研究大多在传统心理学视角下展开,如王俊菊等(2008)探讨了师生关系情境中的教师学习;王俊菊(2021)、周燕等(2008)讨论了在外语课堂环境下,教学和互动中的教师发展和成长；顾佩娅(2008)研究了优秀外语教师素质及其成长过程。社会文化理论为国内的外语教师研究提供了更为深入、客观的研究视角：顾佩娅等(2015)以两位老一辈英语教师为例，通过深度访谈，认为教会学校经历、恩师引领、社会变革都曾影响老一辈英语教师的发展和成长，而他们最终得以驾驭环境的关键还在于他们的教育大爱和能动性，以及他们与环境的不断调适和博弈；顾佩娅等(2014)通过对外语教师发展环境的调研发现，面对自身发展受到的多重环境制约，很多外语教师感到困惑、迷茫和无奈。

综观已有研究，我们发现：教师发展环境研究中传统心理学视角研究多，社会文化理论和生态视角研究少；国内外语教师研究实证研究少；实证研究中微观的课堂环境研究多，宏观的教育政策、意识形态研究少；大语种(英语)教师发展环境研究多，小语种教师研究少。已有研究给我们留下了一定的空间，即基于社会文化理论和生态视角，对中国俄语教师这一群体进行实证研究，探究从家庭和学校经历、活动、人际关系、自身多元角色、学校制度和文化、国家教育政策再到意识形态等诸多因素对他们职业发展的影响。

基于此，本书以实证的方法开展小语种教师及其与环境互动的研究，研究将关注70余年中国外语教育，尤其是俄语教育政策时空环境变化，以各时期的宏观语言教育政策为框架，思考中国俄语教师职业发展的多维问题。

1.1.2.1 理论价值

(1) 为教师发展环境研究提供新视角

本书突破以往教师发展环境的行为主义视角，以相互作用的社会文化理论和注重层级系统的生态系统理论来探讨俄语教师发展的生态环境，探究教师与环境的互动与发展。

(2) 为中国俄语教师发展提供时间线索

本书根据新中国俄语教育政策将俄语教师发展分为四个时期，并关注各时期微观环境、教育政策、意识形态、中俄关系对教师发展的影响，进而形成俄语教师70余年发展的连续统。

(3) 为俄语教师个案研究提供新范式

已有的俄语教师研究多为定性描写和经验总结。本书将从老中青几代俄语人中选取数十位进行跟踪、访谈、数据搜集、编码，对俄语教师发展进行质性、可视化的研究。

1.1.2.2 应用价值

(1) 为非通用语教师发展提供借鉴

本书将探讨俄语教师发展环境的微系统、中观与宏观系统和时间系统,调查教师发展的社会文化环境和心理状况,并构建该群体发展环境的层级模式,这一模式对于后续非通用语教师发展研究具有借鉴意义。

(2) 为改善俄语教师环境提供可行对策

本书将基于新中国俄语教育4个时期俄语教师发展环境的质性调查,提出改善环境的对策,其中包括涉及自身和学校环境,即生态环境的微系统,这对于教师自身调整和学校俄语教学、科研等相关政策的制定将有重要的启示作用。

1.2 研究目标、研究内容和创新点

1.2.1 研究目标

(1) 以社会文化理论和生态系统理论为基础,对新中国俄语教育四个时期俄语教师与微观、中观和宏观环境的互动关系进行质性描写和研究,进而构建中国俄语教师职业发展的历时框架。

(2) 对多位俄语教师进行深入、细致的跟踪观察和访谈,从而逐渐全面地理解中国这一群体职业发展多重环境的"本质",并分析其中影响力最大的因素。

(3) 通过俄语教师发展环境的个案分析,提出改善俄语教师发展环境的切实可行的对策和建议,促进该群体的职业发展。

1.2.2 研究内容

本书以人本主义的教师发展环境理论为基础,以新中国70余年俄语教育政策变迁为背景,以不同地区、不同年龄和不同时代的数十位俄语教师为对象,以深度访谈和日志搜集为数据来源,采用编码和范畴化方式,探讨时代因素、社会文化环境、学校环境和个人环境对中国俄语教师发展的影响,并提出改善俄语教师发展环境的相关对策。

1.2.3 创新点

(1) 研究方法新

本书以质性研究方法,采用编码和范畴化方式对俄语教师发展中涉及的环境因素进行归纳和提炼,是对以往经验式描写的突破。

(2) 学术观点新

本书认为,宏观、中观和微观环境在俄语教师的发展中交替发生作用,其中意识形态和中俄关系对俄语教师发展的作用强于其他语种教师。

(3) 研究数据新

我们首次以访谈、笔记、课堂观察方式等搜集第一手数据,记录和再现新中国俄语教师70余年的发展和心路历程,为研究提供真实、客观的数据。

1.3 研究思路、研究方法和实施步骤

1.3.1 研究思路

(1) 数据搜集

本书每章从国内高校俄语专业教师中选取2~10位进行课堂观察、笔记搜集和深入访谈。这些不同年龄的教师来自我国不同的地区、不同类型的高校。对访谈、观察等获得的数据进行编码和范畴化。

(2) 数据分析

根据数据的编码情况分析四个方面环境因素:意识形态、中国俄语教育政策、学校制度、家庭、经历,以及自我角色在新中国俄语教师发展中的作用。从而提出影响力最强的因素,并分析其原因。

(3) 主题描写

以访谈、笔记或观察内容为支撑对以上四个方面因素进行分维度研究,对受试主体的个性化特征进行细致描写。

(4) 俄语教师发展环境模式构建

深度思考意识形态、中国俄语教育政策、学校制度、家庭、经历和自我角色在新中国俄语教师发展中的多重作用及其相互作用和关联,构建新中国70余年俄语教师发展的环境模式。具体思路见图1-1。

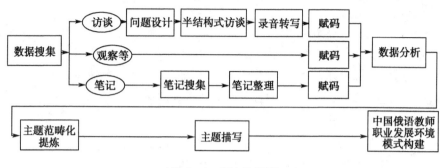

图1-1 研究流程图

1.3.2 研究方法

（1）质性研究法

对研究对象进行跟踪、访谈和观察，形成原始数据，并进而形成编码体系，在此基础上细致、深入、全面地揭示中国这一群体职业发展的多重环境。

（2）综合研究法

从生态系统理论、俄语教学、俄语教育政策和中俄关系的历时变化等方面综合分析中国俄语教师职业发展生态环境的成因，并提出改善对策。

1.3.3 实施步骤

本书在文献综述的基础上，探讨一般意义上的环境对教师职业发展的影响，归纳理论层面和实践维度的研究范式；同时，回顾社会文化理论和生态系统理论发端、内容和基于上述理论的教师发展文献，为俄语教师发展环境研究提供操作基础；在回顾新中国外语教育政策，尤其是俄语教育政策变迁提供了什么样的环境，如何影响俄语教师职业发展的，我们会使用访谈、观察和笔记方法记录数据，对数据进行三级编码，提炼主题，回答研究问题，进而提炼出俄语教师发展环境分布规律，以及各环境构成要素之间的互动模式，为其他非通用语种教师发展研究提供参考。

1.4 研究框架

本书由相互独立但又关联的三部分组成，包括中国俄语教师发展环境研究理论基础、中国俄语教师发展环境的实证研究、结论与展望。其中第一部分包括3章,即导言、新中国俄语教育的总体环境和教师发展环境研究理论研究;第二部分由6章组成,包含中国俄语教师70余年发展的历时研究和新中国俄语教育发展不同时期的教师发展环境研究,均采用质性研究方法,以一手数据为基础展开分析;第三部分为研究结论与展望,对新中国70余年的俄语教师发展进行理论思考和模式构建,并对非通用语教师发展环境研究的方法进行思考,展望研究前景。

第一部分和第二部分总体内容如下:

第一部分为整个研究设计与实施提供理论基础和研究方法:第一章在梳理"环境人"与"理性人"的基础上得出教师发展环境研究的必要性,通过对现有外语教师研究简单回顾得出社会文化理论和生态环境视角对于教师发展环境研究的客观性和可行性,确立了全书的研究方法和研究框架。第二章从主要分期、教育政策、培养模式、教材编写、重要组织及活动等方面对新中国70余年来俄语教育总体环境进行了探究,为第二部分实证研究的展开奠定时代背景。第三章从教师发展环境——外语教师发展环境的传统心理学视角、外语教师发展环境的社会文化理论视角和外语教师发展环境的生态学视角等层面,全方位梳理外语教师的发展环境,为第二部分实证研究奠定理论基础。

第二部分为整个研究的核心,共6章。第四章为该部分的统领性章节,本章以外语教师发展环境研究相关理论为基础,以新中国70余年俄语教育政策变迁为背景,以不同地区、不同年龄和不同时代的10位俄语教师为对象,采用深度访谈方法,揭示了社会文化环境、外部环境、学校环境和个人环境对中国俄语教师发展的影响。研究发现,俄语教师的自身发展是四类环境交互作用的结果,其中社会文化环境的作用尤为突出。根据以上研究,本章尝试性地提出改进俄语教师发展环境的若干建议。

第五章以生态系统理论研究新中国成立17年间(1949—1966年)的中国俄语教师发展问题。本章以新中国成立17年间的外语教育政策为背景,以当时的哈外专、北京外语专修学校、西北俄专和俄罗斯汉学家的访谈、回忆文章及口述史为数据来源,从大系统、外系统、中间系统和微系统4个维度研究了这一时期中国俄语教师的发展环境。研究发现,新中国成立初期外语教育的大系统和外系统总体上促进了俄语教师的职业发展,但是由于缺乏统一的教材和教师共同体等因素,因此对于俄语教师教学和科研能力的提高具有一定的阻碍作用。

第六章以生态系统理论为基础，研究中国俄语教学复杂期（1967—1991年）的教师发展环境问题。本章访谈 3 位经历过该时期的不同年龄段的俄语教师，获取一手数据，以叙事问卷的形式提取数据中的关键信息展开研究。研究同样根据生态系统理论的大系统、外系统、中间系统和微系统进行，并最终形成中国俄语教学复杂期的教师发展环境模型。

第七章起聚焦新时代俄语教师的发展。本章以社会文化理论为基础，研究两位新手俄语教师的职业适应问题。本章依据社会文化理论，采用案例研究方法，对留俄归国和国内毕业的两位新入职俄语教师最初三年的职业适应问题进行探讨。数据搜集方法为半结构访谈、微信聊天和课堂观察，数据分析方法为类属分析法。研究发现：入职之初，海归博士更难适应，信心不足；两位新老师均感受到中国高校的个人主义氛围，但是借助不同支架稳定了职业生涯，促进其向前发展；两位老师均在入职第三年完成了职业适应，但海归博士相比国内博士毕业生较晚度过认识困难期和相对稳定期而进入向前发展期。影响新入职俄语教师职业适应差异的原因在于其过往情感经历和个人环境。

第八章基于生态系统理论研究《普通高等学校本科专业类教学质量国家标准》（以下简称《新国标》）和《普通高等学校本科俄语专业教学指南》[收录于《普通高等学校本科外国语言文学类专业教学指南》（上、下册），其中下册是如下语种的教学指南合集，即俄语、德语、法语、阿拉伯语、日语、非通用语种，于 2020 年 4 月出版，以下简称《指南》]背景下教师与语言政策的互动关系。本章以《新国标》和《指南》为语言教育政策，认为该政策构建了近年来中国高校俄语教师能动性的生态环境。数据来源主要是对四位俄语教师的访谈和课堂观察，以此为基础，该章研究了生态系统视角下的大系统、外系统、中间系统和微系统中哪些因素促进或阻碍了俄语教师能动性，哪些因素为俄语教师所忽略。研究发现：虽然该政策从词汇和文本层面表现出强制性，但是它仅为教师设置了宏观框架，对其能动性影响不大；中间系统，即学校对教师能动性影响最大，它能够开放或关闭宏观语言政策所允许的空间；教师个体素质构成了另一个潜在的微系统，对其能动性的作用不可忽视。

第九章围绕 2020 年颁布的《新文科建设宣言》（以下简称《宣言》）而展开，《宣言》提出的"课程思政、质量文化、学科融合和模式创新"成为新时期中国文科教育的宏观语境，也为俄语教师发展提供了语言政策依据。本章聚焦《宣言》语境下的中国俄语教师能动性问题，以生态系统理论为框架，以 3 位俄语教师的质性访谈数据为主,辅以对他们课堂观察的数据研究了《宣言》构建的大系统、外系统、中间系统和微系统下中国俄语教师的能动性。研究发现:俄语教师总体上对于新的教育政策持有积极的态度,但是他们自身潜力的调动与所在机构的政策直接相关,教师自身的职业规划和性格特征也有助于他们与环境博弈从而获得良好的发展前景。本章对于了解《宣言》给外语教师带来的机遇与挑战具有一定作用,对于研究中国非通用语教师能动性具有启示意义。

第二章

新中国成立以来外语教育政策中的俄语教育

本书以中国俄语教师为研究对象。外语教育政策是该群体赖以生存和发展的土壤,其中的俄语教育政策更成为该群体职业发展的宏观和微观环境。新中国成立之初,党和国家领导人就非常重视俄语教育的发展,可以说,俄语教育是伴随着新中国一起诞生的。70多年来,俄语教育的总体环境起起伏伏,几经波折,几代俄语教师为之奉献出了热爱和激情,终于在21世纪迎来了蓬勃发展和迅速腾飞。

本章从主要分期、主要文件、培养模式、教材编写、重要组织及活动等方面梳理和描写新中国成立以来外语教育政策中的俄语教育。

2.1 主要分期

对于新中国成立以来的俄语教育,学者们进行了不同的分期。有学者将新中国俄语教育分为5个时期(黄玫,2021):① 一枝独秀。新中国成立初期的俄语教育(1949—1956年)。② 由盛而衰。"文化大革命"前后的俄语教育(1957—1977年)。③ 恢复发展。改革开放后到苏联解体前的俄语教育(1978—1991年)。④ 任重道远。苏联解体后到21世纪前的俄语教育(1992—2000年)。⑤ 求索创新。21世纪俄语教育的腾飞(2001年至今)。

根据教师发展的研究需要,本书将70余年的俄语教育分为4个时期:新中国成立17年间的中国俄语教育(1949—1966年)、中苏关系复杂期的中国俄语教育(1967—1991年)、俄语教育恢复期(1992—2012年)和"一带一路"倡议提出后的中国俄语教育(2013年至今)。

新中国俄语教育起源于中国共产党领导下的俄语教育(1921—1949年),本章首先对这一阶段进行简单梳理。

中国共产党在筹备和建立之初,在学习俄国革命理论和实践经验的背景下,产生了俄语学习的需求,外国语学社就是在这一背景下产生的。外国语学社是在苏俄和共产国际帮助下建立的,主要负责选派和组织干部到苏联东方大学学习。学社成立于1920年8月,原址在上海法租界霞飞路(今淮海中路)新渔阳里6号。俄语是外国语学社的主要教学语种。因此,当时的学社相当于留俄预备班,学社主办人有陈独秀、杨明斋等。外国语学社培训了大批留苏人员,其中包括刘少奇、罗亦农、任弼时、蒋光慈、王一飞、萧劲光等老一辈革命家,还有曹靖华等党和国家的第一代俄语教育家。当时外国语学社的目标是学好俄语,能够到俄国去学习革命理论,因此他们打下了扎实的俄语基础和马列主义理论基础。由外国语学社派出的学员在苏联学习了革命理论和俄语语言知识,回国后又投身俄语教育事业,为中国早期的俄语教育做出了重要贡献。

1922年10月,在国共合作背景下,由中国共产党参与创办的上海大学成立,大学附设有俄文班,瞿秋白担任该校教务长,任弼时和蒋光慈等都曾在这里从事俄语教学。

延安时期的俄文教育也得到了较快的发展。1941年3月,抗大三分校正式成立俄文队,后抗大三分校整编为延安军事学院,开展俄文教学。1941年9月,延安大学成立,延大设立俄文系。1944年,中央军委俄文学校增设英文系,并更名为延安外国语学校。这一时期的俄语人才培养主要以军事人才为目标,并为新中国储备外交外事人才,对此目标,周恩来在中央军委俄文学校师生见面会上提出:"我们不仅要培养军事翻译,而且要培养新中国的外交人才。"(曹慕尧,2002)[23]

根据这一培养目标,延安时期的俄语教育课程设置以实践课为主,主要课程有讲读、语法、会话和翻译,强调听、说、读、写、译能力。延安时期的俄语教育没有统一的教材和教学设备,教师也主要是由在苏联长期留学和工作过的同志担任,还有一些由在东北学习过俄语并在苏联工作过的干部担任助理教员。这一时期缺乏固定的教学模式,但是教学方法灵活多样,注重师生交流,教学效果较好。延安时期为新中国的俄语教学提供了一定的教学经验,奠定了教学模式和师资等方面的基础。

抗战胜利后的 1945 年 9 月,延安外国语学校师生中的一部分前往张家口,一部分北上哈尔滨。其中到达张家口的师生加入华北联合大学。1946年 1 月组建文艺学院外语系,后华北联合大学外语系与晋察冀军政干部学校外语训练班合并为外国语学校,其中设有俄语系。1949 年,华北联合大学二部迁往北京,与外事学校合并,更名为外国语学校,成为北京外国语大学的前身。到达哈尔滨的师生于 1946 年 11 月建立了东北民主联军总司令部附设外国语学校。1948 年冬,东北野战军南下,外国语学校转交给东北局和东北人民政府领导,并更名为哈尔滨外国语专门学校(以下简称哈外专)。

华北外国语学校和哈外专都注重教学的实践性和思想性。实践性方面,两校都开设了读本、文法、默写、会话、翻译等课程,注重提高学员的听、说、读、写、译能力;思想性方面,华北外国语学校通过组织学员阅读报纸、听政治报告和主题理论学习等方式为学员树立正确的马克思主义世界观,哈外专则以开设政治课的方式,给学员讲授社会发展史、时事政治等,提高学员的思想觉悟,增强对党和革命事业的认识(黑龙江大学校史编写组,2001)[22]。

华北外国语学校对于新中国俄语教育的教材建设具有重要意义,而哈外专为新中国俄语教育培养了大批优秀人才。华北外国语学校当时设有俄文教研组,他们在研究苏联问题的同时还编写各类教材。这一时期华北外国语学校编写的教材有《俄文文法》《时事评论》《军事文选》《俄文会话读本》等。哈外专的师资力量强大,很多苏侨教师在这里任教,中国教师担任助教,他们十分重视口语教学。他们还根据自身的优势创造出一套教学方法,使得教学走向正规化和规模化。新中国成立前夕,哈外专成为全国俄语教育师生规模最大的学校,为新中国培养了大量的俄文干部,储备了大量的俄语教育人才。

新中国成立后俄语教育经历的 4 个时期的基本政策将在第四章进行阐述。

2.2 主要文件

新中国成立后,7 所俄文专修学校相继成立,到了 1951 年,多所综合性院校设立俄语专业,开设俄语专业的高等院校达到 34 所,俄语教育成为外语教育的主导因素。在此背景下,教育部于1956年下发了《关于中学外国语科的通知》,提出俄语之外扩大和改进英语教学,设立法语和德语专业的必要性。此外,西班牙语、波兰语、阿拉伯语等14个语种相继在北京大学、北京外国语大学等学校设立。至此,中学俄语教学规模相对缩减,大学俄语教学规模也随之有所缩小,多语种学科布局初步形成。

1951年9月25日,全国俄文教学工作第一次会议在北京召开,会议就俄文专科学校的教学方针、任务和分工初步做了规定,并就师资培养、教材编写等问题提出了一些建议和措施。1952年,《关于全国俄文专科学校的决定》由政务院和中央军委联合发布,该决定是规范和指导俄文教学的重要文件。1953年8月,教育部召开第二次全国俄文教学工作会议,俄文教学中的很多重大问题在本次会议上再次得到了规范化和系统化,会议对于俄文教学质量的提高具有指导意义。1954年,《关于全国俄文教学工作的指示》(以下简称《指示》)由教育部颁发,对全国俄语教育进行了整体布局,并规定了各学校的培养任务、教学计划和方法等。《指示》提出,新中国俄文教育主要是要培养俄文的翻译人才和教学人才,有条件的学校也可以培养俄苏文学的科研骨干,而俄文的中学师资应放在高等师范学校俄文系和俄文专修科进行培养。

1963年7月,教育部颁布了《关于开办外国语学校的通知》,国内10所外国语学校开始筹办,各外国语学校开设俄语课程,这在一定程度上扩大了高校俄语专业毕业生的就业途径。

1964年,《外语教育七年规划纲要》(以下简称《纲要》)由中共中央、国务院、外事办、高等教育部①、教育部等5个部门联合发文,首次提出了中国外语教育的宏观指导方针,把英语定为第一外语,并明确提出了其他语种的发展方针。《纲要》导致俄语教育力量和体量的减小。《纲要》提出两年后,"文化大革命"开始了。"文化大革命"期间,很多学校俄语专业停止招生,只有极少数学校还保留了少量招生。

1979年3月,《加强外语教育的几点意见》(以下简称《意见》)颁布实施,此后的四五年里,全国外语教育出现了一个新局面,各语种教育均得到长足发展,俄语教育也随之缓慢复苏。因为在《意见》中明确提到了英语以外还需注意日、法、德、俄等语种比例的问题。文件指出,研究苏联问题、国际斗争和

---

① 1952年11月15日,中央人民政府委员会第十九次会议决定,中央人民政府教育部中分设中央人民政府高等教育部,简称高等教育部。1958年2月,高等教育部并入教育部。1964年7月,恢复高等教育部。1966年7月,高等教育部再次并入教育部。

学习国外都离不开俄语，因此，俄语教育在我国的外语教育中仍应该占到适当的比例，俄语人才培养不能彻底中断。文件还提出了俄语教育少而精的原则，并把每年的全国高校俄语专业培养人数定在200～300。文件认为，少数中小学和有条件的外国语学校可以恢复俄语课程，为高校俄语专业储备人才。

1998年12月，教育部审核通过了《关于外语专业面向21世纪本科教育改革的若干意见》（以下简称《若干意见》）。《若干意见》首次正式提出了复合型外语人才培养的目标，全国各高校接到《若干意见》后都加快了外语教育的建设。1999年，中共中央、国务院召开改革开放以来第三次全国教育工作会议并颁布了《关于深化教育改革全面推进素质教育的决定》（以下简称《决定》）。《若干意见》和《决定》颁布后，俄语专业面临着重新设计和规划培养目标和培养模式的任务。

1998年，《高等学校俄语专业教学大纲》（以下简称《大纲》）研制完成。2003年，《大纲》第一版出版发行。《大纲》明确提出了俄语专业人才培养的目标："高等学校俄语专业培养具有扎实的俄语语言基础和宽广的文化知识，并能熟练地运用俄语在外事、教育、经贸、新闻、科技、军事等部门从事翻译、教学、研究和管理工作的复合型俄语人才。"（高等学校外语专业教学指导委员会　俄语组，2003）[1]

2014年3月，教育部印发了《关于全面深化课程改革　落实立德树人根本任务的意见》；2014年9月，《关于深化考试招生制度改革的实施意见》由国务院印发；2018年1月30日《新国标》颁布，之后年普通高中英语、日语、俄语、法语和西班牙语的课程标准也相继发布。

《新国标》是我国外语教育史上由教育部颁布的第一个覆盖外语类各专业的高等教育教学质量标准。《新国标》成为规定外国语言文学类本科专业准入、建设、评价标准与尺度的重要文件。此后，教育部高等学校外国语言文学类专业教学指导委员会俄语专业教学指导分委员会结合当前新时期俄语教学的重点任务，编写了《普通高等学校本科俄语专业教学指南》。该《指南》是对新形势下本科俄语专业创新发展和人才培养新路径的探索和思考，也是对俄语专业的新定位。《指南》还提出了俄语本科专业的新标准，对于课程设置、教学内容、教学方法和教学手段等问题进行了全面的规定和描述，提出了指导性意见。《指南》的发布为全国俄语专业统一人才培养质量提供了依据。在《指南》中，俄语专业属于人文社会学科，人才培养需要突出人文特色，因此,俄语专业不仅要培养学生的语言能力,而且要培养学生掌握、分析人文社会知识的能力。《指南》强调俄语专业应注重综合素质和实践能力的结合,要求学生具有深厚的语言功底和较强的发现问题和解决问题的能力。《指南》还对俄语专业的学科方向和跨学科特点进行了规定,即俄语专业应包括语言学、文学、翻译学、国别与区域研究、比较文学与跨文化。因此,在传统的语言、文学和翻译之外,俄语专业还需增加区域国别和文化对比类的课程。《指南》还在高年级阶段增加了当代俄罗斯及其他使用俄语国家的政治、经济、文化、教育、贸易等内容。

《新国标》和《指南》两份文件不仅对学生的语言基本功和综合素质提出了较高的要求,而且把人文情怀和国际视野作为人才培养的要求,还要求在课程设置中纳入区域国别研究的内容。由于《指南》颁布至今时间较短,各高校调整课程设置的情况尚没有文章或资料可以查阅(截至2021年底),但是,作为工作在一线的俄语教师,我们已经感觉到课程设置的变化,如课程思政内容的融入、"中亚国家概况"等课程的开设等。总之,《新国标》和《指南》必然带来新一轮的俄语专业培养模式的改革。

2.3 培养模式

新中国成立70多年来,我国的俄语专业人才的培养经历了从单一型人才到复合型人才再到具有良好综合素质和人文特色的人才培养的转变,课程设置也随之几经调整。新中国成立初期及以后的相当长的一段时期内,我国俄语教育的任务是培养翻译人才和俄文师资,因此,语言技能训练和工具型人才培养成为这一时期课程设置的主要指针,培养学生的听、说、读、写、译能力是课程开设的主要目标,精读、听力、泛读、语法、写作、翻译自然也就成为俄语专业的核心课程;此外,再辅以一些文学、文化课程,各高校俄语专业的课程设置基本上都遵循这一模式。改革开放以来,随着经济全球化、知识经济、文化交流的多元化的到来,工具型的外语人才开始显示出其不能适应建设、国际交流和社会发展需要的一面。1998年12月,《关于外语专业面向21世纪本科教育改革的若干意见》颁布,正式提出培养具有较强外语交际能力和多学科知识的外语复合型人才。俄语专业的课程设置也随之由单一的语言、文学模式转向语言文学与其他学科的结合、交叉的多课程模式,以此完成复合型俄语专业人才的培养目标。2018年1月,《新国标》颁布;2020年

4月,《指南》颁布,两者都对俄语人才培养提出了综合性、创新性的要求,并提出对课程设置进行调整。总体来看,新中国俄语教学的培养模式经历了从单一型到复合型再到复合+素质型的变化。

我们知道,新中国成立之初,7所俄文专科学校相继建立,多所综合性大学也都开设了俄文系科。在课程设置上,这些学校主要有以下两方面特点:一是继承延安时期和解放区外语教育的经验,即重视政治思想教育,把政治课程纳入课程体系;二是俄语教学以单一型语言类课程为主,课程门类少,偏重于实践教学。各俄文专科学校的教学计划差异较小,基本上都设有三类课程:政治理论课、俄文课、体育课。俄文课也基本上都是以讲读、语法、翻译为主干课程。

当然,这一时期的俄文教学课程也是遵循两次全国俄文教学会议的规定而设置的。1951年9月召开的第一次全国俄文教学工作会议后,于1952年3月10日颁发的《关于全国俄文专科学校的决定》指出:"各俄文学校之间应有相当的分工,各校内部也应设相当的专业课(使学生能获得相当的专业知识)","各俄文专门学校的主要任务是基础语言的学习,专业知识的训练可留在最后一年或半年进行。各俄文专门学校除俄文与政治课目外,一般不设其他课程,但对文化低的班次可添设中文课"。1953年召开的第二次全国俄文教学工作会议通过的《关于全国俄文教学工作的指示》(以下简称《指示》)也指出了基础俄语课程的重要性。《指示》还提出俄文专修学校应开设马列主义基础、中国革命史、政治经济学等政治理论课,并对俄文专科学校、大学俄文系和俄文专修科开设中国语文课程,以提高学生掌握和运用本国语文的能力等进行了规定。

以北京俄文专修学校和中国人民大学两所院校为例,北京俄文专修学校的教学方针和任务是以三年制培养高级的俄文翻译和师资,课程类型包括俄文实践课和政治理论课两类(高亚天,1951)[22-23]。中国人民大学的俄语教学以培养新中国建设急需的翻译人才为目标。据此,中国人民大学设置了马列主义、中国革命史、俄文、国文、苏联文学、翻译(汉译俄、俄译汉)、体育等七门课程。其中政治课、国文课、体育课三者共占25%,俄文课(包括俄文、文学和翻译)占75%(罗俊才,1951)[26]。

1955年起,我国俄文教育开始参照苏联并结合当时各俄语学校的经验制订统一的教学计划。根据计划,三年制俄语专业设置了六类课程:政治理论课程,包括马克思列宁主义基础、中国革命史、政治经济学;历史-语言课程,包括苏联历史、现代汉语、语言学引论;现代俄语实践课程,包括语音、语法、词汇等;翻译课程,包括俄译汉、汉译俄;体育课程;加选课程。四年制俄语专业设置了十类课程:政治理论课程(马克思列宁主义基础、中国革命史、政治经济学、辩证唯物论与历史唯物论);历史-语言课程(苏联历史、俄罗斯和苏维埃文学史、中国文学史、现代汉语、语言学引论);现代俄语实践课程(语音、语法和词汇);现代俄语理论课程(语音学、语法学、词汇学、俄语历史语法基础);教育课程(教育学、俄语教学法);翻译课程(俄译汉、汉译俄);教育实习;翻译课程的学年论文;体育课程;加选课程。总体来看,参照苏联模式修订后的教学计划,增加了语言基础知识、语言学理论知识和政治理论知识,无疑更加具有体系性。

20世纪60年代国家对俄语教学的课程模式提出过一些改革的意见,如1965年6月22日至7月6日召开的高等外语院系教学工作会议提出要摸索我们自己的外语人才培养道路。在培养目标方面,会议认为根据国内国际形势的发展需要,我们应该改变过去选读大量古典文学作品和学习过多的"语音""语法""词汇"理论的状况,减少课程门类,精简内容,加强基本训练,扩大知识面,使学生既能获得实用的知识,又能具备文化素养。但是,由于60~70年代,外语教育整体上处于相对沉寂期,这种摸索未能真正贯彻到教育工作中。

1998年颁布的《若干意见》明确指出,外语教育存在5个不适应:思想观念的不适应,人才培养模式的不适应,课程设置和教学内容的不适应,学生知识结构、能力和素质的不适应,教学管理的不适应。由于外语专业的单科特征,多年来我国的外语专业在课程设置和教学内容安排上普遍忽略其他人文学科、自然学科等相关学科的内容。由于课程设置和教学内容的局限,外语专业本科学生往往缺乏相关学科知识。在语言技能训练中往往强调模仿记忆却忽略了学生思维能力、创新能力、分析问题和独立提出见解能力的培养。外语专业必须从单科的"经院式"人才培养模式转向宽口径、应用性、复合型人才的培养模式。为此,专业俄语教学应主动适应社会主义市场经济体制的要求,并充分认识信息时代、知识经济和科技发展对俄语人才的挑战,必须改变只强调传授知识和训练技巧,重视能力培养和全面提高素质,必须与某一专业复合(刘光准,2001)[74]。

2003年出版的第一版《高等学校俄语专业教学大纲》中明确提出:"高等学校俄语专业培养具有扎实的俄语语言基础和宽广的文化知识,并能熟练地运用俄语在外事、教育、经贸、新闻、科技、军事等部门从事翻译、教学、研究和管理工作的复合型俄语人才。"(高等学校外语专业教学指导委员会俄语组,2003)[1] 复合型俄语人才培养目标提出后,各高校纷纷以此为目标,设计符合自身特点的复合型人才培养模式,提出了各有特点的课程体系,以适应我国社会对应用型外语人才的需求。

俄语专业当时的人才培养模式主要有：俄语＋专业方向,俄语＋第二外语,俄语＋辅修专业,俄语＋非外语专业(跨学科双学位)。有些高校的复合型培养采取其中一种模式,有些高校多种形式同时采用(戴炜栋,2008)[337-339]。

以这一时期的上海外国语大学为例,该大学的俄语专业调整后主要采取"俄语＋专业知识"和"俄语＋英语"两种模式,其中的"专业知识"或"英语"部分从第三学期开始作为辅修课程开设(戴炜栋,2008)[342]。

各综合性大学也结合自己的特点,利用本校的优势建设俄语专业。以中国人民大学和中央民族大学为例,2005年起中国人民大学外国语学院与法学院、国际关系学院、商学院合作,制订了"俄语＋知识产权""俄语＋国际政治""俄语＋工商管理"的"3＋2"跨学科复合型外语人才培养模式(钱晓蕙,2008)[12]。从2002年起,中央民族大学俄语专业依托本校的办学特色和优势,将原有单一培养模式调整为"俄语＋一门中亚语言＋俄罗斯、中亚社会与文化知识的复合型人才"培养模式。中央民族大学的俄语专业课程除了传统的俄语课程以外,还开设了哈萨克语、乌兹别克语、吉尔吉斯语、土库曼语等中亚国家语言特色课程,以及俄罗斯民族、中亚民族、俄罗斯宗教、中亚宗教、俄罗斯研究、中亚研究等提高素质与能力的特色课程(张娜,2007)[12]。

师范院校根据培养复合型人才的方针,也进行了课程设置的改革。哈尔滨师范大学在原有的俄语本科师范专业基础上,增加了俄语＋专业培养方向(法律、经贸俄语专业),培养法律和经贸专业方向的俄语人才。法律俄语方向开设法律俄语、法学概论、法律文书写作、法律文献导读等专业类课程;经贸俄语方向开设经贸俄语、国际贸易实务、经贸文献阅读、商务信函写作等课程;选修课也增加了方向类课程：外交俄语、旅游俄语、俄罗斯地理历史、语言与文化、中国文化概观、俄苏文学、当代俄罗斯文化与社会、实践修辞学、网络俄语、俄语同声传译等。

2.4 教材编写

如2.2节所述,2018—2020年,《新国标》和《指南》颁布实施,其中《指南》

对于复合型外语人才培养提出了进一步目标,复合型外语人才不仅需要具有扎实的语言基本功、过硬的专业知识和能力,而且要具有良好的综合素质。我们知道,复合型外语人才培养是在1998年颁布的《若干意见》中正式提出的,而《新国标》和《指南》进一步深化和扩展了这一指向,并促使我国俄语教育向着学科体系化、专业标准化、人才培养多元化迈进。在此背景下,外语教学与研究出版社、上海外语教育出版社、高等教育出版社、北京大学出版社、人民出版社等纷纷开始修订已有的主干教材,并准备再版。当然教材的修订和更新不仅是国家教育政策的要求,而且是"一带一路"倡议全面实施、不断深入及其中俄两国合作交流走向纵深的要求;另外,也是俄语人才培养数量不断增加和质量稳步提高的要求。

2.5 重要组织及活动

在新中国俄语教育的发展历程中,中国俄语教学研究会等组织发挥着重要的作用。

新中国成立初期,中国俄语教学还没有全国性的教学和学术研究组织,但是在第一届全国俄文工作会议基础上,《俄文教学》刊物创刊,刊物成为中国俄语教学和研究的重要阵地,为全国俄语教师提供了研究平台,具有开创性的意义。为了提倡俄语学习,《俄文教学》杂志曾得到当时国家领导人的题词。

20世纪80年代,中国俄语教学开始走向理性化和规范化,在此背景下,1980年11月,高等学校外语专业教材编审委员会成立,委员会设有专门的俄语组。教材编审委员会不仅制订了俄语专业教材编写的5年规划、教学大纲和教材编写计划等,而且对中学俄语的开设条件和地区进行了讨论。

中国俄语教学组织性建设中最具里程碑意义的事件当属中国俄语教学研究会(以下简称研究会)的成立。研究会于1981年5月3日成立,在俄语教育中发挥着重要作用,它可以凝聚全国的俄语教育力量,并以此开展国内外学术交流。研究会成立后不久,会刊《中国俄语教学》创刊,成为全国俄语教师教学和科学研究的重要平台。1984年,研究会与莫斯科大学、苏联科学院等多家学校、研究所进行了学术访问和交流活动,并与当时的世界俄语协会秘书长科斯托马罗夫(В. Г. Костомаров)进行了交流。1985年,研究会加入世界俄语学会。1986年,北京外国语学院王福祥教授成为世界俄语学会主席团成员。此后,在研究会和世界俄语学会的活动框架下,我国俄语专业开展了全国范围的基础阶段俄语测试,启动了俄语专业教学大纲的编写工作,派出了中学生代表团参加第六届国际中小学生俄语奥林匹克竞赛,并取得了很好的成绩。

苏联解体后的20世纪90年代,我国俄语人才培养进入一个相对复杂的时期,培养模式和目标面临着改革。高等学校外语专业教学指导委员会(以下简称外指委)正是在这一时期成立的,外指委下设的俄语组负责全国俄语教育的统筹规划工作,并在后来的《大纲》制订和实施中发挥了核心作用。

2006年之前的中国俄语教育缺乏统一的学生比赛和选拔机制。2006年起,教育部国际合作与交流司发起主办了全国高校俄语大赛。大赛每年举办一次,由北京外国语大学、黑龙江大学、上海外国语大学和大连外国语大学4所高校轮流承办。作为中俄"国家年"活动教育领域五大机制化项目之一,大赛在推动中俄人文交流、提高全国俄语教学质量、为国家选拔和储备俄语人才等方面发挥着重要作用。

2.6 结　　语

本章从5个方面对新中国俄语教育70多年来的分期情况进行了阐述,在2.1节还对1921—1949年之间中国共产党领导下的俄语教育情况进行了简单回顾,认为这一时期已经为新中国的教育奠定了坚实的基础。本章还对新中国成立70多年来的俄语教育政策、培养模式、教材编写、重要组织及活动情况进行了简单的梳理和总结。根据教师发展的理论,我们认为70多年来,中国俄语教育经历了蓬勃兴起到相对沉寂再到求索创新的过程。在这一过程中,国家的教育政策和中俄关系构成了各时期俄语教育和教师生存、发展的宏观环境,培养模式、教材情况和各类研究会等教师共同体对教师的职业发展具有导向和制约作用,俄语教师在与不同时期国内环境的顺应与互动中推动自身的职业发展,成就自己的职业生涯。尤其是"一带一路"倡议提出以来,中国俄语教学获得了前所未有的机遇,《新国标》和《指南》的颁布实施、《宣言》的提出为俄语教师实现学科交叉和融合,申报思政类项目提供了很好的机遇,并进而促进了他们能动性的发挥,使得俄语教师的技能更加丰富,综合能力得以提升。

第三章

国内外教师发展环境研究述评

环境历来是人类关注的话题,哲学、心理学、社会学、人类学和生物学等多个领域都曾对环境问题进行讨论,且成果丰硕(Bronfenbrenner,1979;Fraser,1989)。20世纪70年代初期,环境问题成为普通教育领域的研究话题之一,1998年学术期刊 *Learning Environments Research* 创刊,教育学对于环境的研究随之成为一个专门的研究领域(Fraser,1998)。一般认为,教师发展环境问题的研究经历了传统心理学、社会文化理论和生态系统理论的转变,而传统心理学对外语教师的发展环境缺乏探究,因此,外语教师的专业发展环境研究始于社会文化理论的兴起和对教师发展情境的关注。该方面有代表性的较早研究当属 Freeman 等(1998,2002)。他们提出:只有清晰地探究教师学习过程中的社会文化环境,才能充分地研究和理解教师学习过程。此后,Johnson(2009)对这一问题开展了较为系统的研究。Kelchtermans(2014)提出环境以不同的方式发挥作用。近十年来,环境问题成为外语教师发展研究的重要问题,国内亦出现了较多成果(顾佩娅,2008;顾佩娅等,2014;古海波 等,2019)。中国小语种教师作为一个较为独特的群体,其职业发展环境少有研究(Tao et al.,2021;文秋芳 等,2017b)。

环境问题涉及多个领域,人的发展环境也可以从多种视角进行研究,已有该问题的研究视角可概括为行为主义和人本主义两大类,前者的研究是单向的,主要研究主体的人如何看待客观环境的问题(Moos,1974),后者则强调客观环境中的主体经验和人与环境的交互作用(Van Lier,2004;Barkhuizen et al,2008)。

具体到教师的发展环境问题,行为主义形成了该领域研究的传统心理学视角,人本主义则对应了社会文化理论和生态系统理论视角下的教师研究。行为主义认识论影响下的传统心理学视角不重视人与环境的相互依赖和相互作用,把两者分开进行研究;社会文化理论视角强调人与所处的社会文化环境之间的互动;生态系统理论视角一方面研究人与环境的交互,另一方面更加强调环境的复杂性和系统性,力图通过嵌套式系统再现环境的复杂面貌。而以上的两种方法论和三种具体研究视角进而导致了研究内容和研究范式的演变。

如前所述,20世纪70年代,学者们开始了教师发展环境的研究,这一研究最初以行为主义的传统心理学视角为框架。该领域代表性的学者当属Moos和Fraser等。他们认为,环境具有关系、个人发展和系统三个核心维度(Moos,1974),环境是外在的,它与教师主体不存在关联性(Roth,1999),传统心理学视角下的教师发展环境研究讲求精确性,多以问卷、量化的方法进行。

20世纪90年代末,基于社会文化理论的教师发展环境研究兴起,该视角下的研究承认教师主体及其认知、情感和实践均与环境相关联,承认教师主体之间的差异性。社会文化理论视角下的教师发展环境研究不再仅仅聚焦于主体的微观环境,而是开始关注其宏观环境,研究教师与宏观环境的互动过程、结果和意义(Gu et al.,2007)。不同于传统心理学视角的量化法,这一视角下的教师发展环境研究更多采用叙事研究、案例研究等质性方法,从而更多展示教师主体及其发展的社会性和交互性问题(Sharkey,2004;Johnson,2009)。质性方法的采用也使得该领域的研究从"是什么"转向"为什么",并进而深入探究人与环境交互的根源。Day(2011)、Hargreaves(2001)和Sato等(2004)是社会文化理论视角下教师发展环境研究的代表人物。

进入21世纪以来,基于Bronfenbrenner的生态系统理论的教师发展环境研究逐渐增多,这一视角下的研究更加重视教师作为全人的综合素质与环境结构的多元互动,凸显教师主体的个体特征和环境的层级性及系统关联,并成为人本主义教师研究的重要理论。依据这一理论,教师感知和体验的职业环境是一个从小到大、由近及远的嵌套式系统,它具有三个核心的层级结构:个人环境、学校环境和社会文化环境(Barkhuizen et al,2008)。教师与环境之间的互动关系决定了教师不是独立于环境而存在的,而是(积极或消极)环境的营造者。在生态系统理论的影响下,研究者转向关注教师生活环境中那些阻碍、促进或者支持发展的多因素作用机制,开始探索适宜教师发展的生态环境构建问题。这种研究遵循批判主义和解释主义,因而大部分为质化的研究,包括叙事问卷和案例研究等,并开始采用混合研究和行动研究,以解决真实、复杂的实践问题。

综上,教师发展环境研究从产生至今,在理论视角上经历了从行为主义到人本主义的演进,随之发生变化的是适用理论的变化,即从传统心理学到社会文化理论,再到生态系统理论,研究方法也由量化为主发展到质性方法和混合方法。这种变化也映射了该领域价值观的转变,即从强调研究的科学价值转向关注教师发展的人文价值。本书在人本主义视角下,依托社会文化理论和生态系统理论对中国俄语教师的发展环境问题展开质性研究。因此,本章我们将重点回顾社会文化理论和生态系统理论下的教师发展环境研究,对于传统心理学视角下的该问题研究仅做简略回顾。

3.1 传统心理学视角下的教师发展环境要素与结构研究

传统心理学视角下的教师发展环境研究主要回答客观环境是什么、现状怎么样的基本问题。环境要素与结构研究是该视角的主要聚焦点,因此,研究一般是静态的,且以环境量具研制和规模性问卷调查为主,如 Moos 提出的三维环境结构的量具研制等。Rentoul 等(1983)探索了量具维度的精细化、量具条目的简约化和量具的具体学科化等,他们在 Moos 的 3 个环境维度基础上探索并形成了包含 8 个要素的新学校环境问卷。此后,Johnson 等(2004)在一个历时项目第一年的工具研制中将 Taylor 等人的 5 个维度 30 条目建构主义学习环境问卷简化为 20 个条目。Ellett 等(2011)在 3 年中进行了多次大规模实证检验,建构了适用于科学和数学教师的 3 个维度 52 条目的环境量具。规模性问卷调查的内容涉及教师发展环境现状、不同学科教师环境比较和师生环境比较等问题。教师发展环境现状调查如 Huang(2006)调查了台湾 52 所中学 900 位理科教师对学校环境的看法,调查发现,台湾教师的总体环境具有同事互助、良好的师生关系、有效的校长领导、强烈的专业兴趣和较低的工作压力等特征。Dorman(2000)以问卷形式调查了澳大利亚 28 所大学 52 个系 489 位教师对学校环境的看法,以探究不同学科教师之间的环境差异。研究发现：大学类型不同，教师对各环境维度的看法也存在较大差异，其中英语系教师对大学环境的看法与生物系和教育系教师较为相近。毕雪飞（2013）以高校英语专业师生课堂环境的对比为研究目标，对1 000名学生和17位教师进行了问卷调查和分析，研究发现：教师对课堂环境的现实感知水平和理想期盼值均高于学生。

总体来看，传统心理学视角下的教师发展环境研究注重量化方法和教师群体的调研，而对于教师主体的个体差异性和教师与环境交互的本质关注不够，这一任务的完成需要借助人本主义的社会文化理论和生态系统理论。

3.2 社会文化理论视角下的教师发展研究

3.2.1 维果茨基的社会文化理论

从字面意义来看，社会文化理论（Social-Cultural Theory，SCT）虽包含"社会的"（social）和"文化的"（cultural），但它本质上是一项探讨社会关系和文化产物对人类高级心理功能发展的心理学研究（秦丽莉 等，2020a，2020b，2021），并非社会学和文化学的研究。

社会文化理论是在维果茨基（Vygotsky）和他的同事们的研究成果基础上发展而成的，主要研究人类思维高级功能（higher mental functions）的发展问题①。18、19世纪德国的康德和黑格尔的哲学观点是维果茨基的重要思想来源。另一个思想根源在于马克思和恩格斯在社会经济学方面的著作（*Theses on Feuerbach* 和 *The German Ideology*）中的主要观点（Lantolf et al.，2006）。SCT的目的在于"解读人类思维功能与文化、历史和教育背景之间的关系"（Lantolf et al.，2006）[1-3]。根据马克思的观点，维果茨基不再停留于笛卡儿的"mind-matter"二元论（Cartesian Dualism），认为社会实践、个人意识和物质文化都是人类思维发展的一部分，它们是相互融合、相互作用、相互协调、相互包含的。处在社会背景下的个体与社会的联系是通过家庭和其他社团（institutions）的调节而形成的，因此并非简单而直接的。同样，社会作为

---

① 维果茨基认为初级思维功能（elementary mental functions）是指儿童与生俱来的初级的思维功能，比如记忆；高级思维功能是指由文化影响或者说调节之后具有的思维功能，比如计算、计划等。初级思维功能是生理性的，是自然发展的；高级思维功能是文化调节的，由初级思维功能转化而来。

一个整体也不是与个体平行存在的,而是由不同个体组成。总之,实践活动、意识和物质环境共同构成了人类的思维。维果茨基不再停留于二元论的观点,而是从整体的视角观察人类思维的发展,观察的要素也从原来的一个或几个因素变成多角度、多因素的研究。

马克思主义的辩证唯物主义是 SCT 的又一思想根源。辩证唯物主义认为,执行思维功能的并非大脑,而是人类自身。因此,思维和身体的联系更加紧密,思维成为身体存在的一部分。人类是在与不同的社会关系的相互关联中而存在的,且一直受人类为自己创造的各种物质事物的调节。因此,如果缺少人类在社会中的关系,也就无法思考,正如没有身体的大脑一样。这一点也是与笛卡儿的观点相悖的,也就是说人类在世界中的活动,并非思维的结果(单纯的脑内活动),而是思维活动本身的一部分,也就是说活动的人类身体即为一个思考的身体。马克思结合了费尔巴哈和黑格尔的辩证逻辑思维提出了辩证论的思想,这也成为 SCT 的辩证论思想来源。马克思认为,人类在具有目的导向的(goal-oriented)、社会组织的实践活动中创造和改变他们的物质环境,同时也改变着人类自身(Marx,1988)。据此,Vygotsky 等(1978)提出人类的认知是以生理思维过程为基础的,在形成高级思维功能的过程中又受到社会文化环境(包括社会文化活动、社会文化产物、社会关系等)的调节,即人类的思维不能脱离社会实践。

维果茨基认为,心理学家们在寻找人类的大脑、身体、社会实践和认知之间的关系过程中,需要立足于一个分析单位(unit of analysis),这个分析单位就是语言[或者是马克思所称作的语言表达(languaging)],究其原因在于语言的物质性(material)和象征性(symbolic),在人类社会中具有概念性的意义。维果茨基认为,向外,语言影响社会上的其他人;向内,语言影响人类的私语(或称内语,一种人类与自身的对话),即影响人类的思维,这就是语言作用的辩证过程。因此 Vygotsky(1994)提到,人类从外部社会建立起与思维的关系,控制思维,同时也通过思维控制自己的身体。据此,维果茨基最终提出了人类思维发展的两个层面:首先是人与人、人与社会、人与社会文化产物之间的相互调节;其次是人类大脑的生理功能本身。

Vygotsky 等(1978)指出,传统心理学的弊端在于将个体的理智面与情感面分离开来,而所有高级心理功能的发展都是认知与情感的统一。这种思想可以用于学习和教学过程的研究。在学习过程中,学习者的认知与情感相互影响、密不可分,在许多情况下其中一方的作用强于另一方;但即使如此,另一方的作用仍然是存在的(Vygotsky,1994)。此外,SCT的辩证观还超越了社会和个体的二元论,强调社会和个体的紧密相关和辩证共存。Vygotsky(1986)认为,"社会"的概念不是简单的"集体的一群人",任何一个具有perezhivanie(对环境的主观体验)的个人的存在都意味着社会层面的存在。因此,Vygotsky将社会和个人视为一种辩证统一关系,并非对立关系(Fleer et al.,2017)。

该理论的思想基础是"知识代表现实的永久建构、重建和解构"。因此,知识取决于每个个体的经验(Alexandru,2012)[19]。社会文化理论关注社会在个体发展中的重要作用,研究学习对于社会环境的依赖程度(Hall,2007;Siyepu,2013)。"互动学习和其他非正式活动是成人向儿童提供新信息、支持他们的技能发展和扩展他们的概念理解的特别重要的环境"(Ramani et al.,2014)[2]。社会文化理论包括调节理论、内化理论、最近发展区理论、活动理论、实践社群理论、对话理论、情境学习理论、复杂理论、生态给养理论和动态评价理论等,其中与本书结合最为紧密的有最近发展区理论、内化理论、生态给养理论等。

最近发展区(Zone of Proximal Development,ZPD)是维果茨基社会文化理论的主要思想之一(Christmas et al.,2012)。根据Vygotsky等(1978)的定义,最近发展区是:"独立解决问题的水平与成人指导下解决问题或与更有能力的同龄人合作所决定的潜在发展水平之间的距离。"

最近发展区涉及学习者能够通过知识更为丰富者的适当教学、支持和指导而学到的知识(Wright et al.,2006)[28]。这种指导也被称为"其他规则"并包括"显性和隐性"的各层次支持(Lantolf et al.,2006)[200]。如前所述,Vygotsky等(1978)认为,与知识更为丰富者的互动能够调适学习者和被学习者的关系(Christmas et al.,2012)[372],如知识更为丰富者可以为学习者提供必要的数学学习支持和工具,并使用ZPD来构建学习的流程。

最近发展区可以分为四个阶段(Dunphy et al.,2003)[49-50],这四个阶段包括学习者在获得支持之前、支持中和获得支持后的状况。

第一阶段是协助学习阶段(Dunphy et al.,2003)[40-50],指知识丰富者协助学习者开展学习。这一阶段学习者尚无自觉性,因此,教学和调节的方式也各不相同,包括辅导和其他支架方法(Polly,2012)[81]。

第二阶段称为自我协助阶段。这是一个学习者能够独立执行、理解和完成任务的阶段。当然,这一阶段并非学习者的能力得以充分发展或内化,而它仅仅意味着学习者实现了对行为的控制,即从他者调节到自我调节的过程。

第三阶段是能力发展和自动化的阶段。这一阶段,学习者完全能够独立完成任务,并且已经从最近发展区进入任务的发展阶段,学习者可以不需要任何人的干预或帮助而完成任务。

第四阶段是能力的去自动化过程。这一阶段,学习者能力通过最近发展区并再次回到第一阶段。Dunphy等(2003)[49-50]发现,对于每个人的每个发展阶段,都会有他者监管、自我监管、自动化和非自动化的结合。教师还应该明白,学习者走过的阶段不一定相同,也不一定都会经历这些阶段,但是指导教师有责任通过最近发展区帮助学习者认知进入下一阶段(Vygotsky et al., 1978)。

ZPD具有动态性,它是在学习者与教师的互动过程中实现的:

通过旨在提高某些学校数学成绩的研究,Scott等(2013)[7]发现,最近发展区并不是学习者先前学习活动中固有的。他们曾认为最近发展区理论可以根据学习者现有认知来识别他们所处的阶段,学习者进而通过识别来计划活动和调适学习过程。Scott等(2013)研究发现,最近发展区具有"流动性"(Scott et al., 2013)[7],即ZPD在很大程度上受学习者与活动的互动关系,这种互动还取决于社交、情感、健康等因素。Furberg等(2009)[158]认为,最近发展区理论关注学习者在协作学习活动中的互动,使教师对学习者的概念表征如何在特定的环境中出现,如何对环境表征做出反应等问题具有明确的感知。

因此,研究者们认为,学习者的能力和达到最近发展区的过程因活动、时间和环境而异,并与上述的互动紧密相关,且学习者对教师的指导的理解和态度不同,他们到达最近发展区的方式也会有所不同。具体到学校环境中,ZPD并非表征为一个不变的任务,因为教师和学习者之间的协商可能会改变ZPD的途径和过程(Bliss et al., 1996; Scott et al., 2013)。而反思每个学习者的进步和熟练程度,也可以证明学习者到达ZPD的方式不同(Scott et al., 2013)[6]。这一研究为反思对于教学工作的意义提供了依据,即教师需要不断地反思教与学,才能认识到学生的不同ZPD,并为之后的工作制定方向。

调节是社会文化理论的又一核心概念,维果茨基在工具和符号、活动和内化概念中对调节进行了论述。Vygotsky等(1978)认为,心理活动中工具和符号结合而成高级心理活动,其中工具是外在的,它是影响人类活动的操作者，而符号是内在的，它是人类掌控自己内在活动的手段。Vygotsky（1962）在众多论述中引入了工具、符号和语言的概念，并论述了这些概念作为调节工具的作用，通过调节和不同的活动形式，学习者借助工具，得以完成任务。

以维果茨基的理论为基础，后来的研究者归纳得出"工具说"，即人类有两种工具：第一种是物质工具，制作和利用工具是人类区别于动物的根本特征，是人类从原始社会到高级社会的标志之一；第二种工具是精神工具，包括符号、语言、文字等，运用这些精神工具进行精神生产、心理操作是人类的心理机能由低级到高级、由量变到质变的标志。而精神工具的使用又促进了物质工具的发展（王光荣，2009；黄秀兰，2014；柯祖林，2007）。

维果茨基认为，言语的活动和内化也交叉着调节的过程，如他在谈到语言和思维的关系时，详细分析工具、符号、语言等作为调节工具的作用，认为活动或任务的形式体现了这些调节工具的使用状况，而调节和活动的协调发展促进了内化过程的形成。

根据维果茨基的观点，Lantolf等（2006）提出调节论的间接性，认为调节中介使得物质工具和精神工具联系起来。物质工具包括各种具体形式的物件，如计算器、词典等，精神工具则包括一些较为抽象的物品，如数字系统、语言、思想、概念等。例如Lantolf等（2006）指出，作为调节的基本手段，可以实现语言的内化过程，这一作用可以调节内部语言、自我中心语和私语的关系；自我中心语和私语可以解释新信息和个体当下正在做的事情，因此语言的内化过程经历了社会语言—自我中心语—私语—内部语言的过程。

Vygotsky等（1978）基于物质工具和精神工具的理论，提出了内化的理念，他认为内化是对外部行为的内部重建，是一种符号使用的行为。如果说人的外部活动手段是工具，那么符号就是人类的内部活动手段。第一种内化是社会历史的心理活动，这种活动首先是一种外部行为，然后渐渐"内化"而成一种内部活动，并默默地在头脑中进行（王光荣，2009）。第二种内化指人与人之间的交流转化为个人内部交流的过程，即交流由人际和社会层面内化为个人层面。当然，内化的过程是长期的，它是一系列事件发展的结果，是渐变的、转化的。在这一内化过程中，符号和工具等间接的调节活动发挥着重要的作用。

Lantolf等（2006）认为，内化是社会文化理论中调节和最近发展区之后的又一核心概念。内化的提出体现了维果茨基将物质因素和社会文化因素的二元主义合并为身心一体的过程。Lantolf等(2006)还提出,模仿是一种典型的调节和内化过程,而私语的模仿是二语学习的重要环节,是整个内化过程的中心。关于内部语言,De Guerrero(2005)系统考察了大脑演练和有控制的内部语言的区别,认为私语的过程,如自我释义等都是促进内化的有意义的活动。Frawley(1997)提出将内化理论和社会观用于认知科学,进而形成社会文化理论的整体运用。

维果茨基在自己的专著中并没有提出活动理念,只是提到了"活动"的术语,"活动理论"是由他的学生兼同事Leont'ev(1981)在发展维果茨基理论的基础上提出的。Lantolf等(2006)梳理了活动理论形成的三个时期:

一般认为,维果茨基调节理论中活动过程的理论基础是马克思的心理功能原理和意识社会起源的构成,以及恩格斯的工具和符号在人类功能中的调剂作用,也就形成了活动理论的第一个时期。这一时期的活动理论具有工具调节—劳动式活动的特征。马克思认为,活动的初期形式和基本形式是一种感性活动。在这种活动中,人们与周围世界进行感性接触,感受到周围世界的阻力,并根据外部环境的客观属性对周围世界施加影响。马克思还认为,意识是客观现实的反映,同时又调节着人的活动进程。由此,维果茨基提出了关于活动过程的假设:"人的心理过程的变化与其实践活动过程的变化是一样的"(王光荣,2009)[20]。

第二个时期:活动理论通过苏联众多马克思主义心理学家的继承和发展得到了转型和深化,这一时期的代表性观点是由Leont'ev提出的。Leont'ev认为,主体在对象世界中辨识方向就形成了心理反应的显示机能,活动以心理反应为中介,是心理学的发端和起点(王光荣,2009)。社会性和对象性是活动的两个基本特征,前者指人的活动必须在社会关系和社会活动中进行,后者指活动的动机在于对象。Leont'ev对活动的结构和种类进行了细化:活动的基本成分是动作,实际行为是操作。我们还可以进行外部活动和内部活动的区分,外部活动是人类活动的最初形式和基本形式,指人的感性实践活动,而心理反应或映像的活动则形成了人的内部活动范畴(王光荣,2009)。

第三个时期是多元化的活动理论发展期。这一时期的活动理论提出人、机构和物件等多个系统集体化的理念,这种活动受到技术和语言等符号工具的调节,在多系统互动和多个调节工具的作用下,活动成为一个复杂的系统。

以上阐述了社会文化理论的三个核心概念,值得提出的是,维果茨基研究视野中的核心概念具有一体性,他在《社会中的心智》中从三个基本问题着手,讨论调节等理论的核心作用:人类和环境的生理和社会关系、自然环境中的人类活动、工具使用和语言发展的相互作用。

3.2.2 社会文化理论视角下的教师研究

3.2.2.1 国外文献研究

国外社会文化理论视角下的外语教师研究集中于一般的教师教育(Ellis et al.,2010)和语言教学(John-Steiner et al.,1994;Lantolf et al.,1994;Antón,1999;Lee et al.,2000;Van Lier,2004;Watkins-Goffman,2006;Cross,2009;Swain et al.,2011;Yoon et al.,2012;Lantolf et al.,2014)等领域。其中不同语境下的教师学习和教师发展的实证研究与本书研究关系密切,这方面研究的具体领域主要有:

(1) 职业发展和教师学习

Feryok(2012)以一位亚美尼亚的英语作为第二语言的中学教师为对象,采用半结构化电子邮件访谈、现场课堂观察和口头访谈进行数据搜集,使用内容分析的描述性案例研究,关注专业发展课堂以外的经验和行为如何影响语言教师的能动性,回答语言教师能动性如何培养的问题。研究发现:教师的职业发展贯穿其一生,参与者通过形象引导自己的行为,通过引导学生、教师和教师培训者的个人行为来调节能动意识,且个人能动性行为对当地的社会活动具有促进作用。

Dang(2013)研究了两位在越南进行配对实习教学的学员,通过教学前和教学后访谈、课堂录像和观察、现场观察笔记等方式搜集数据。论文研究了配对安置中教师职业认同的形成,找出教师发展的矛盾和解决方法,以及矛盾轨迹对教师发展的影响。研究发现:学习机会体现在两人之间的冲突中,学员以建设性的方式解决了大部分冲突,从而导致职业认同产生质的发展。

Arshavskaya(2014)以美国东北部一所大学的一位专业教师教育者和实习期间的一位职前教师为对象,基于扎根理论进行了为期15周的对话,发现了专业教师教育者与职前教师对话的一些特征,例如以更专业的方式重新构建教师的思维,通过专家话语重新命名新手教师的概念,以及通过使用教学概念促进对教学的整体理解等特征。

Han等(2015)以中国一所大学外语学院的全体教师为对象,以民族志方式进行了书面文本、口头交流、访谈和非正式交流,并提出以沟通和文化为特征的跨学科方案开辟了学习空间,互动中产生的竞争性话语提供了将紧张关系转化为最近发展区的可能。

Childs(2011)以三位来自美国某大学在职教育项目的教师为对象,通过概念发展和教学活动随时间的转变来追踪教师的学习,根据社会文化理论理解教师学习。研究的数据来源主要有反思性日记、访谈、刺激性回忆报告、电子邮件、教案、每周会议,以及课堂观察,研究采用宏观和微观相结合的方法。研究发现,在同一个发展项目中,教师的学习内容和方式存在着巨大差异。随着时间的推移,这些差异被个人语言学习和教学历史、支持系统和教师机构所调节,且各种活动中介在教师的学习中起着至关重要的作用。

Tsui 等(2007)以两位大学指导教师和科技工作校际合作者为对象,从集体备课会议、课堂观察、观察后会议及访谈等活动中搜集数据。文章回答了如下问题:课程学习如何调节和促进新活动系统的参与者进行科技学习;课程学习过程中产生了哪些矛盾;这些矛盾如何解决;等等。研究发现:在解决矛盾的过程中,参与者就中介工具问题进行了讨论,活动系统科技工作者学习的辅助方法转变为所有参与者共同学习的手段。论文指出,教师和教师教育者需要主动解决问题,跨界进行扩展性学习。

(2) 教师认知和情感

Golombek 等(2014)以美国一所公立大学的 TESL(Teaching English as a Second Language,作为第二语言的英语教学)认证本科项目中参与实习的新手语言教师为对象,研究语言类教师教育者如何处理新手教师的情感问题,研究还展示了教师教育者如何通过教师日记了解新手教师的情感体验。研究发现,新手教师的情感体现了理想与现实之间的不和谐因素。该项目强调情感、认知和活动之间的相互关系,为教师教育者提供资源,以便对新手教师进行反拨性的调节。

Luk 等(2010)根据一位来自香港中学的英语教师及其同事参加的一个为期两年的课堂教学项目,通过课堂录像、背景访谈、刺激性回忆访谈和数据搜集后访谈等方式开展质性研究。研究发现,参与者未能为学生的答案生成和理解提供形式和意义支持,教师迫切需要将社会文化理论视角下的以形式为中心的教学纳入他们的语言意识知识库。

Johnston 等(2005)根据一位在日本大学教授 ESL(非母语英语)课程的经验型美国教师的经历,阐明教师的知识不是一套孤立的认知能力,它与教师身份和教师发展等存在根本的联系,并认为要将教师的知识与教师的生活和工作环境联系起来进行研究。研究的数据来源主要有半结构化访谈、后结构视角下的内容分析和语篇分析。研究发现,讲授硕士课程后,这名教师的职业生涯发生了变化。受社会文化背景和政治背景的影响,文化认同以动态、对话的形式出现。据此研究者提出,身份认同是教师成长和变化的主要原因。

Ahn(2009)以英语为母语的在韩国有实习经历的四位科技工作者为对象,以访谈、课堂观察、团队会议、学生教师的日记、教案为数据来源,并对课程改革文件等进行内容分析。论文重点关注学员如何内化基于交际语言教学(Communicative Language Teaching,CLT)的英语课程改革概念,如何在实习期间将这些概念运用到教学实践中。研究发现,个人、社会和制度因素会影响教师对知识的内化程度。教学经验和日常经验对他们的认知和实践有很大的影响。

3.2.2.2 国内文献研究

从研究问题看,国内以社会文化理论开展教师职业发展的研究分为理论研究、教师学习、职业适应、教师情感和语言意识等。

(1) 理论研究

赵秋野(2003)发表了国内首篇关于维果茨基心理语言学思想的论文。文章认为,维果茨基的思想对心理语言学发展做出了重大贡献。论文介绍了维果茨基的代表作:《思维与语言》《心理学研究论文集》《高级心理机能的发展史》,以及六卷本《论文集》等。论文分析了维果茨基心理语言学的哲学基础——历史唯物主义,并提出了他的言语生成模式的五个阶段。论文对于国内引入社会文化理论具有先导性意义。

秦丽莉(2017)从社会文化理论的历史沿革入手,阐述了社会文化理论的哲学根源、学科属性、理论分支架构和惯用研究方法等。在此基础上,研究者通过案例详细阐述了社会文化理论实证研究的范式和方法,以理论结合实践的形式深入剖析了该领域的理论体系、相关研究现状与实践应用方法。

秦丽莉等(2022)从社会文化理论的哲学根源入手,围绕过往情感经历(переживание)的概念,对其理论内涵进行深入阐述,并从情感与认知、社会与个体的辩证统一关系中探究这一概念作为分析单位的内涵。文章还梳理了不同学者对于 perezhivanie 的概念解读和实证研究,对二语习得领域中以 perezhivanie 为指导的实证研究范式与方法进行了思考。

Lantolf 等(2014)简要从社会文化理论的哲学根源和内涵理念入手,论述社会文化理论的学科属性。通过现有文献梳理国内外二语习得领域内的社会文化理论研究的发展现状和社会文化理论的研究方法与范式,并提出了今后国内该领域进一步研究的可能性空间。

杨画舒等(2020)认为维果茨基社会文化理论核心概念之一的"最近发展区"理论对教育学和心理学产生了巨大影响。文章以社会文化理论和概念型教学法为理论基础,通过科学概念与日常概念、内化与外化、学习和发展三组辩证概念探讨"最近发展区",并认为"最近发展区"对二语习得理论的应用与发展能够产生积极的作用。

(2) 教师学习

徐锦芬等(2019)基于社会文化理论,采用质化多案例法研究了10位高校英语教师的学习途径及学习影响因素。通过半结构性访谈、反思日记、教师微博、学生反馈、现场笔记及其他素材搜集数据,采用不断比较法进行数据分析。研究发现,教师以各种文化制品和活动、科学概念以及社会关系为中介进行学习。影响教师学习的因素包括个人、人际以及宏观社会环境。论文基于研究结果建构了高校英语教师学习框架图。

刘蕴秋(2014)以两位中国优秀英语教师作为学习者的专业发展历程为切入点,研究了教师知识与其价值观及可选策略的关系,进而探究两位教师在其所处的中国外语教学实践环境中形成实践智慧的机制。论文的研究从四个方面展开:教师的生活史、外语教育和教学史;两位教师的外语课堂教学方法和手段;外语教学实践特点及其合理性和先进性;特定的社会文化环境中影响两位教师教学理念形成的因素,以及他们在遇到问题时对教学情境的回应方式和实践智慧的生成。研究发现,他们对人所处的社会环境不同,课堂实践的特色也就不同,但是具有同样的主动学习的态度。作为学习者的教师,在面对问题、回应环境、反思实践、寻求改善的过程中得到发展。

李霞等(2021)以社会文化理论为基础,采用混合研究法探究了学校文化对高校英语教师学习和教师能动性的中介作用。文章的量化研究数据来自493位高校英语教师的问卷调查,质性研究数据来自2位教师的访谈和叙事日志数据。研究发现,学校文化对教师能动性和教师学习的影响总体上是正向的。教师能动性在学校文化对教师学习的影响中起到了部分中介作用。

(3) 职业适应

陶源(2021)依据社会文化理论,采用质性的案例方法,研究了留俄归国和国内毕业的两位新入职俄语教师的职业适应问题。文章采用类属分析法对两位教师的半结构访谈、微信聊天和课堂观察进行了分析。研究发现：入职之初，海归博士的职业适应难于国内毕业教师；两位新教师融入大学文化和群体均遇到一定困难，但借助不同支架进入了职业生涯稳定期；两位教师均在入职第三年完成了职业适应，其中海归博士较晚度过"认识困难期"和"相对稳定期"而进入"向前发展期"。研究发现，过往情感经历和个人环境会导致新入职俄语教师职业适应的差异。

（4）教师情感

秦丽莉等（2019）基于社会文化理论的情感经历视角，研究了新手教师认知发展中的情感因素。文章以一位新手教师在三周时间内的口头叙事、与导师一对一口头叙事互动录音及其书面叙事反思文本为数据来源，详细描述了新手教师认知与情感发展中的交互影响情况，发现新手教师的情感会对其认知发展产生促进或阻碍作用。文章认为，要想实现新手教师更高质量的调节，促进其二语教学认知良性发展，导师需关注其情感的发展。

（5）语言意识

徐锦芬等（2021）以一位 EMI[①] 学科教师为对象，探究了社会文化理论视角下学科教师与英语教师合作授课后的语言意识发展的问题。论文的数据来源主要有课堂录像、访谈等。研究认为，EMI 学科教师通过对语言与内容有机融合的关注、对学生语言难点的关注、对学生提供适时语言支架以及课堂教学语言的策略性选择等方式，他们的语言意识发展趋势总体上较为积极。

3.3 生态系统理论下的教师发展研究

3.3.1 支撑教师研究的生态系统理论

Bronfenbrenner（1979）提倡采用生态学方法来研究人类发展，将个体视为复杂的影响生态系统的一部分。生态学方法不仅适用于人类发展研究，而且适用于广泛的教育研究范畴（Bronfenbrenner，1976）。

生态系统理论的核心是个体的人，发展、决策和最终行为的特征均取决于人的能力、性格、抱负和信念。生态系统中个体的生存和发展环境是一个复杂的嵌套系统，其中微系统处于最接近核心的位置：发展中的人在具有特

[①] EMI（English as Medium of Instructio 的缩写）是指英语作为授课语言。

定物理和物质特征的特定环境中经历过的活动、角色和人际关系的模式(Bronfenbrenner,1979)[22]。在实际的社会生活中,同一个体可能嵌套于多个系统中,如儿童可能同时嵌套于家庭、朋友、运动队、班级和俱乐部等不同的微系统,又如领导型教师可能对他的学生、社会团体、家庭和学校教职员工等多个微系统成员同时产生影响。因此,微系统可能形成重叠,如一个人既是老师又是学生,既是领导者又是被领导者,既是家长又是子女等。

微系统之上是中间系统,包括发展中的人积极参与的两个或多个环境之间的相互关系(如孩子的中间系统包括家庭、学校和邻居同伴群体之间的关系;成年人的中间系统主要包括在家庭、工作和社交生活中)(Bronfenbrenner,1979)[25]。微系统之间的关系对个体的发展具有重要影响,如孩子的微系统缺乏共同的价值观或共同成员,冲突就有可能发生。微系统之间的关系对教师领导者也会产生重要影响,如当课堂微系统与社会团体微系统的需求在领导型教师的个体中发生冲突时,就会出现冲突和紧张局势,社会团体的事务有可能影响到他的课堂教学等。因为这两个微系统并非完全重叠,所以同一个体很难同时满足每个微系统的需求(Bronfenbrenner,1979)[25]。

中间系统之外是外系统,它指的是一个或多个环境,个人不是这类环境的积极参与者,但其中发生的事件会影响或包含发展中的人(Bronfenbrenner,1979)[25]。如孩子的外系统包括不属于但影响他成长的各级机构,如城市的各项政策和支持环境、父母单位的各项政策等,领导型教师的外系统可能包括学校行政部门、当地学校教育管理部门和地市政府实体,以及国家的各项宏观教育政策等。

大系统是指在亚文化或整个文化层面存在或可能存在的低一级系统的形式、内容的一致性,以及这种一致性背后的信仰体系或意识形态(Bronfenbrenner,1979)[26]。大系统在Bronfenbrenner的论著中又称为社会的蓝图,如孩子和领导型教师所在的总体文化就是他们的大系统,其中孩子的大系统可能是美国文化的方方面面及其影响。在教育界,教师领导力的概念虽然越发普及,但是教育界的领导者仍然是校长和各级行政管理机构。

个体、微系统、中间系统、外系统和大系统组成一个嵌套的系统(图3-1)。转变或转型是生态系统理论的关键原则之一,当一个人在生态环境中的位置由于角色、环境的变化而发生变化时,个人就会发生这种转型(Bronfenbrenner,1979)[26]。对于孩子来说,重大的生态转变可能是搬到新城市或者在同一个城市换学校,随着这种转变的发生,微系统也可能发生改变。而教师担任教学领导角色对于他们来说也是一种生态转变,在这种转变中,以前一些明确的关系,如同事关系等需要进行重新构建,从而带来教师型领导的转型。

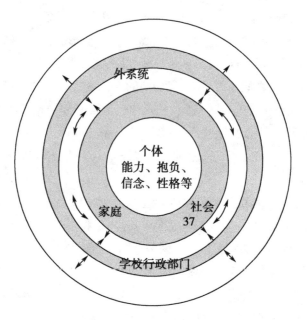

图3-1 生态系统间的层级关系

根据Bronfenbrenner(1979)[6]的观点,生态转型具有其重要性,因为生态转型涉及角色的变化以及与特定社会地位相关行为的期待等。一个人的行为方式、所作所为,甚至他的想法和感受都可以随着社会环境和社会角色的改变而改变。这一原则适用于所有的社会人,尤其是发展中的人。

随着应用语言学的"生态转向"(Larsen-Freeman,2016),从生态学的角度研究语言的教与学、教师的学习策略、交流意愿、语言焦虑等问题成为应用语言学的重要取向(Peng,2012;Elizabeth et al.,2018;Van Lier,2004,2008,2011;Kramsch et al.,2008;Tudor,2003;Oxford,2017;Gkonou,2017;Kasbi et al.,2017)。Bronfenbrenner的生态系统理论和Van Lier的生态给养概念为这些研究提供了指导性框架。

生态系统理论也为研究教师发展提供了理论基础,依托该理论,学者们开展了一系列的质性研究,这些研究采用嵌套生态系统的基本概念,即微系统、中间系统、外系统和大系统来描绘研究的生态图景。Van Lier(2004,2008,2011)的生态给养概念为我们认识不同系统之间相互作用的复杂性,研究它们在教师发展中的相互作用机制提供了可能性。生态给养理论认为学习生态学是一种在一个伟大的生命系统中的思考和行动方式(Van Lier,2004)[3],个人有意识地与社会政治、制度、文化互动。在语言学习的复杂生态系统中,给养是与该环境中活跃的感知和有机体相关(无论好坏)的环境属性(Van Lier,2000)[252],学习者需要获取生态系统的资源。在与学习生态的互动中能够自觉追求和运用给养的学习者获得语言学习成就的可能性更大。教师与学习者的生态给养机制相同,他们也是在与周围生活和工作生态系统的相互作用中获得职业发展,其中微系统、外系统、大系统和时间生态系统提供了显性或隐性的生态给养(如教育政策、教师培训计划)。能动性强的教师更加能够捕捉有用的契机,以促进他们的职业发展。

3.3.2 早期生态系统理论下的教师研究

早期基于生态系统理论的教师研究主要集中于教师发展环境描述和环境改善问题。

Hwang(2014)采用质性和量化混合的方法,研究了韩国教师生态环境对于教师教育者专业发展的影响。文章以质性的访谈为基础,并进行了问卷数据分析。数据显示,大部分教师教育者对学校的薪酬和组织评价较为认可,但是对于学校的财政和科研条件持否定态度,他们认为韩国的考入机制阻碍了他们的发展,且韩国的科研主题和前沿在很大程度上受到国际教育趋势的影响,这也阻碍了他们的职业发展。该文对于教师专业发展环境中符合或不符合生态性的维度进行了客观的描述,并认为韩国的教育环境对于教师的阻碍作用大于促进机制。

Hwang(2014)的研究聚焦于教师发展环境的负面因素,而宋改敏(2011)根据生态系统的4个层次,研究了北京某小学的教师发展生态环境特征,认为该小学长期开展教师学习与发展共同体的构建与实践,形成了大系统、外系统、中间系统和微系统的教师发展良性生态,教师职业认同感较强,具有幸福感。

除了描写教师的发展环境外,研究者们还研究了教师发展环境改善的问题,代表性的如Molle(2013)。该文以参与性观察者的身份开展研究,以一个美国英语教师发展计划为案例,研究了教师教育促进者与参与教师之间互动并创建良好生态环境的过程。研究发现,教师教育促进者可通过三类活动改善教师发展环境:一是创生合作性参与环境,推动不同观点的共存;二是确认学生的潜能和资源,阻断针对学生的消极话语;三是改善师生关系和同事及与上级的关系,增强教师的政治意识。

文秋芳等(2011)以顾泠沅的行动教育理论和自身先导实践研究为基础,基于一线教师和研究者的共同成长探索了环境改善的实践问题。研究者以实证研究为基础,构建了高校外语教师互动发展的新模式,并提出了新模式的4个要素:教师和研究者之间的平等合作、抽象与具体工具的中介作用(即课堂关键问题、课堂录像和教师反思日志等)、情感互动与认知互动交织、追求研究者与教师的共同成长。

3.3.3 生态系统理论下教师研究的新问题

近年来,学者们开始以生态系统理论研究教师的情感和焦虑、教师韧性、教师的领导力和能动性等问题:

Liu 等(2022)依据 Bronfenbrenner 的生态系统和 Van Lier 的生态给养意识,通过对12位中国高中英语教师的访谈,探讨了高中教师在线上英语教学中的焦虑。在大系统、外系统和微系统层面确定了6种焦虑,即与COVID-19 大流行相关的焦虑、来自学校当局的有限技术支持、学生家长、技术教学不足、内容知识不足、有效的师生互动不足。提出缓解教师在线焦虑的对策,以增强后疫情时代教师的在线教学的信心并提高教学质量。

Smith 等(2016)认为教师领导力是一种复杂的社会动态过程,因此,文章使用了基于复杂性的分析框架,将其应用于3个小学和初中数学领导型教师的案例研究中。文章采用 Bronfenbrenner 的生态系统理论,辅以社会网络分析方法进行研究。根据这一理论,研究将教师领导者视为其他个人、机构、政策和文化规范的复杂社会生态系统的一部分,认为需要综合考虑个人内部因素和社会各种因素对教师领导力的影响。

Carrillo 等(2020)考察了两个经济上截然不同的南半球国家(南非和澳大利亚)的教师韧性问题。他们在两国分别调查了风险的性质和在每种情况下支持教师韧性的资源,开发了一个概念模型以说明教师面临特定逆境时两国生态的不同。研究发现,无论背景如何,某些教师的个人资源(乐观、毅力、动力)和适应性应对策略(关系支持、解决问题)具有相似性。此外,虽然风险的一般性原因相似,但它们的表现方式因社会经济条件而不同。

Hofstadler 等(2021)基于生态系统理论调查了一所奥地利中学内容和语言综合学习法(CLIL)教师的职业主观幸福感(SWB),探究了不同生态水平对这些教师的职业幸福感的影响。基于对16位奥地利教师的关于内容和语言综合学习法的教学经验和观点的半结构化访谈数据,文章构建了一个综合分析模型。研究揭示了该类教师职业幸福感受到各种因素的交互影响,如国家和机构政策、社会反馈、师生关系和个人信念等。

Chu等(2021)以生态系统理论为基础,研究了英语课程改革背景下外语教师的卓越素质问题。文章采用定性的方法,对中国优秀高中英语教师的素质及其专业素质的发展进行了探究,确定了优秀外语教师专业素质的4个相互关联的维度,即英语教学能力、外语教学职业道德信念、外语教与学信念、外语教师学习与发展信念。研究发现,英语教师在与所处的复杂生态系统的动态互动中构建和发展了自己的专业素养。

Tao等(2021)以《新国标》和《指南》为语言教育政策,认为该政策构建了近年来中国高校俄语教师能动性的生态环境。文章以4位俄语教师的访谈和课堂观察为主要数据来源,研究了生态系统理论下的大系统、外系统、中间系统和微系统中哪些因素对俄语教师能动性的形成起到促进或阻碍作用。研究发现,虽然该政策从词汇和文本层面表现出强制性,但是它仅为教师设置了宏观框架,对其能动性影响不大;学校作为中间系统对俄语教师能动性影响最大,它能够开放或关闭宏观语言政策所允许的空间;教师个体素质构成了另一个潜在的微系统,对其能动性的作用不可忽视。

3.4 研究简评

综观已有的教师发展环境研究,我们发现,该领域研究总体上遵循实证主义的方法,理论范式则经历了一个由行动主义向人本主义取向的转变;研究视角上,传统心理学视角下的研究经历了社会文化理论和生态系统理论的冲击,并渐渐向人本主义新思潮过渡。随着研究视角的转变,研究方法也由原来的量表制作和统计转向了质性和混合的方法。应该说,这种转变意味着教师环境研究不断走向深入,由静态走向动态,由单向走向多向。但是,已有研究也还存在一些尚待完善之处,主要有:

第一,在环境的认知视角方面,虽然社会文化理论和生态系统理论等视角下人本主义的研究近年来不断涌现,但是人本主义的环境理念还没有给环境研究及实践探索带来大范围的变革和明显的改善效果,静态的环境观在教师发展环境研究中仍占据着重要的地位。已有研究对教师主体的全人特征、环境层级间的关联性以及人境互动的系统性重视不够。而在人本主义的两种研究视角下,社会文化理论的研究成果又多于生态系统理论,因此,我们需要进一步积极评价和应用人类发展生态学等理论,使得外语教师的发展环境研究摆脱二元环境的认知,构建外语教师发展的复杂、动态、互动的生态环境研究模式。

第二,从国内外研究状况看,教师发展环境研究多集中于国外,国内研究不足,尤其是生态学视角下教师发展环境研究在国内期刊上鲜有发表。仅有的一些国内生态学研究成果大多集中在教师生态环境描绘上,对于环境改善研究不足,而对于教师发展中一些具体问题的研究,如教师韧性、情感、能动性、领导力等更是缺乏研究。因此,中国学者需要以具体问题为导向,研究环境与教师发展的互动问题,并在国内产出一批具有理论价值和实践意义的成果。

第三,从已有的研究对象看,大部分论著关注英语教师的发展,非通用语教师这一发展困难群体的研究尚显不足。非通用语教师,尤其是中国的非通用语教师,存在着发表难、申请项目难、教学竞赛获奖难、教学资料缺乏、晋升难,甚至无法满足学校工作量要求的困难。这一群体的发展环境具有和英语教师截然不同的特征,他们的情感、能动性等必然不同于英语教师,他们在与环境互动的过程中可能需要更多的韧性和坚持。因此,研究者需要以人本主义的理论为导向,对这一群体展开深入、具体、细致的研究。

第四,从已有的研究内容看,结合具体项目的研究较多,如 TESL 认证本科项目,学科教师教学项目,结合宏观语境、时代背景和语言政策的研究较少。而人本主义的研究取向,特别是生态系统理论,对宏观语境给予了较多的关注,根据这一理论,大系统和外系统也会通过微系统和教师主体发生互动作用。这就为我们开展基于语言政策的教师发展研究提供了理论基础和可能。因此,研究者可以更多地将外语教师发展放在国家、地区或学校外语教育政策或教学改革的背景下进行研究。

3.5 结　　语

本章从环境的概念入手,梳理了教师发展环境研究的两种方法论,以及与之相关的三种研究视角,并对已有研究进行了简要评述。通过梳理我们发现,该领域研究总体上呈现一种由行为主义到人本主义的历时过程,研究方法也随之越来越多地采用以人为本的质性方法。但是,已有研究总体上还存在着研究对象和研究内容不够全面的问题,且该领域的国内研究尤其需要深入和加强,特别是生态系统理论带来的新视角具有以人的发展为目的的新研究价值观,表达了一种具有人文关怀的教师专业发展愿景,而这正是教师发展环境研究的真正意义所在。结合以上几点,国内的非通用语教师发展环境的人本主义研究的意义就得以凸显,本书正是在这方面做了有力尝试。

第四章

新中国高校俄语教师职业发展生态环境的历时研究

4.1 引　　言

国家的语言战略、社会文化和意识形态特征都会在语言政策中有所反映(Steffensen,2007)[12-14]。新中国的俄语教学与新中国同龄。2019年,新中国的俄语教学走过了70个年头。在这70年里,中苏(俄)关系几度沉浮。因此,中国的俄语教育也走过了一段不平凡的历程:1949年中苏关系"蜜月期"的俄语教育,60—90年代的复杂期,90年代至2012年的俄语教育恢复期和2013年"一带一路"倡议提出以来的高潮期,其间俄语教育政策几度变化。中国高校俄语教师,作为语言政策的实施者和执行者,他们的命运和发展状况随着时代和国家政策的变化而起起伏伏。

2013年以来,中国俄语教学迎来了第二个高潮。一方面,中国的俄语专业教师需求量迅速增长;另一方面俄语专业教师队伍总体表现出学历高、责任心强、国际化程度高等优势,但是也存在教学时数过多、教学能力不强、梯队不合理、教学和科研结合不够等影响俄语专业教学质量的掣肘之处(黄东晶,2018)[81]。其中,俄语教师的职业发展和其所处的环境之间的关系研究在国内较为少见,这一点在中国知网检索结果中得以证明。鉴于俄语教师在中国属于"非通用语种教师",在中国知网以"非通用(外)语教师"为主题搜索相关文章,结果为1篇;再以"非通用(外)语教师"出现在"全文"进行搜索,只有4篇。其中,仅有文秋芳等(2017b)以深度访谈和叙事框架相结合的质性研究方法,揭示了非通用语种教师的职业发展面临的内外部困境。另一篇文章则简单提及非通用语教师队伍的现状和遇到的问题(贾德忠,2002),但无实证数据支撑。关于俄语教师的研究仅见闵佳闰(2017)和雷玉梅(2013)发表的论文,而关于俄语教师发展环境的研究到2019年尚属空缺。

俄语教师在不同时期的职业生涯和个人发展与复杂的政治、教育环境有着直接的关系。对于该问题的研究实际上与生态系统理论视角下关于教师学习和发展的观点有着契合之处。生态系统视角不仅将交互作为研究的首要原则,而且将人境互动与发展放到更完整、更复杂的动态环境系统中去考察,努力还原人与环境复杂关系的生态本质(顾佩娅 等,2016)[100]。

从研究的角度看,基于目标个案教师群体的职业生涯,特别是通过对自身发展和困境、挑战的调查来延伸分析可能促进或阻滞其职业发展的因素的研究也完全可行。据此,以新中国70余年俄语教育政策变迁为背景,本章探讨新中国70余年俄语教师与环境发展的内在关系和历时互动,揭示环境在俄语教师职业发展中所起的作用。

4.2 理论基础

如本书第三章所述,自教师发展环境研究萌芽的40多年来,该领域聚焦于行为主义和人本主义两大认识论和三个研究视角,即传统心理学视角、社会文化理论视角和生态系统理论视角。传统心理学视角下的环境被看作是独立于教师主体的外在结构(Moos,1974;Roth,1999),可通过实证主义的量的研究方法进行精确测量和分析。发端于20世纪70年的社会文化理论视角(Vygotsky et al.,1978;Johnson,2009)认为教师内在认知心理机制与外界社会文化环境进行积极互动从而促进了教师的成长。生态系统理论视角是对社会文化理论视角的发展,它同样以人本主义为基础,对于教师主体的个体特征和环境的层级性及系统关联性尤为关注(Bronfenbrenner,1979,2005)。

在外语教师发展环境中,"环境就是一切"的提法始于20世纪末21世纪初(Freeman,2002)[11],只有清晰地探究教师学习过程中的社会文化环境,才能充分地研究和理解教师学习过程(Freeman et al.,1998)。近年来,基于社会文化理论,国外学者开始不断关注外语教师的工作环境问题(Jurasaite-Harbison et al.,2010)和环境的不同作用(Kelchtermans,2014),教师职业发展的情境问题得到认同(Tsui,2007;Johnson,2009)。Hwang(2014)采用混合研究法,探究了韩国教师的教育生态环境是如何影响教师的职业发展关注和需求的。

4.2.1 生态系统理论

本章的理论基础为Bronfenbrenner(1979)的生态系统理论,该理论是Lewin(1936)提出的人与环境关系经典理论的延伸。Zeichner(2006,2008)确定的教师教育生态环境的具体框架和成人学习理论又为教师教育奠定了基础。

如第三章所述,Bronfenbrenner(1979)的生态系统理论关注儿童的发展问题,但是也为成人发展研究提供了理论框架。根据该理论,人的发展与多层次的环境有关,如家庭、学校、社区等,并把这些环境分为微系统、中间系统、大系统和外系统。

本章以教师发展的生态系统理论为基础,研究新中国10位不同年龄段俄语教师的发展状况。由于他们的角色、所处机构、时代背景和教育政策各不相同,因此本章研究具有个性化特征,需要以质性的方法展开。

4.2.2 教师教育的生态环境

理解教师教育的多维环境对于研究教师教育具有重要作用(Corrigan et al.,1990;Grossman et al.,2008;Houston,2008;Robinson,2008;Zeichner,2006,2008)。Grossman等(2008)发现了影响教师教育的3个环境因素:国家或州的教育政策、制度背景和地方的劳动力市场情况。Zeichner(2006)认为教师教育环境是宏观制度、政治和社会层面的一部分,教师教育者是教师教育项目内部组织特征的一分子。

根据Zeichner(2006)[89]教师教育的框架,我们认为,历时视角下的新中国俄语教师职业发展环境也涉及多个方面,根据Bronfenbrenner(1979)的生态系统理论,这一发展环境应该包括外系统中的教育环境变迁、意识形态因素、大系统中的国家教育政策、社会经济条件,中间系统中的家庭和学校经历,以及微系统中的活动、人际关系、自身多元角色问题。

我们总结了新中国俄语教师的生态环境及其所处的位置和重要性,构拟了教师教育者社会的人际关系定位。总体来看,我们把新中国俄语教师的生态环境定义历时和共时两条主线,其中共时因素又分为3个层次。第一层次处于生态环境的最内圈,它包括微环境和内部环境,其中内部环境的学校经历也包括学校制度和文化。第二层次是政策环境,包括新中国的教师教育体系,特别是新中国70余年的俄语教育政策。第三层次指宏观的意识形态、中俄关系等因素。而所有的这3个层次都在与时间系统的交织中进行,从而形成新中国俄语教师职业发展的多元环境。这一多元环境的总体结构见图4-1。

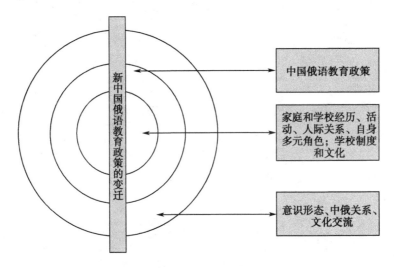

图4-1 新中国俄语教师职业发展生态环境构拟

4.3 新中国俄语教育政策及俄语教学的变化

根据Barkhuizen等(2008)的"洋葱圈模型",教师职业发展环境是由大到小多个环境的交织和组合。而新中国70余年的俄语教育政策正是中国俄语教师职业发展的宏观环境,因此,本章需要对新中国高校俄语教育的历程和政策变迁进行简单的梳理。

新中国的俄语教学经历了高潮→沉寂→复苏→再次高潮,其间国家政策和中苏(俄)关系是影响俄语教学的重要因素(何红梅 等,2017)。

正如王存文等(2012)指出的,在政治源流的若干因素中,执政党的意识形态对中国外语教育政策的影响是非常明显的。新中国成立之初,中国所处的国际环境以及与苏联之间的亲密关系基本上就决定了当时执行淡化英语、以俄语为主的外语教育政策。而20世纪60年代确立以英语为第一外语,其主要原因也是中苏两党之间的关系所致。而近30年来外语教育大发展,在很大程度上取决于党的十一届三中全会以后全面实行的改革开放政策。新中国70余年涉俄政策、中苏(俄)关系的变化及其影响下的俄语教育政策见表4-1。

表4-1 新中国中苏(俄)关系的变化及其影响下的俄语教育政策

年代	国家政策和中苏(俄)关系	俄语教育状况
20世纪50年代	中苏结盟	俄语热促使出现"一边倒"现象,外语教学的主要语种是俄语,全国兴起学习俄语的热潮
20世纪60年代至70年代后期	中苏关系恶化	大学俄语教学受严重冲击。后来各高校开始陆续恢复招生,但规模急剧萎缩
20世纪70年代末至80年代初	邓小平同志在1978年春天发表关于教育工作的重要讲话	各高校俄语专业又陆续恢复招生,但是隔年,甚至是隔两年招生,全国规模约1 000人
20世纪80年代至90年代	两国关系日趋正常化,两国的外交关系得到实质性改善,战略合作伙伴关系建立	俄语教学又迎来难得的发展机遇,学习俄语的人数迅猛增长,中国的大学俄语教学步入稳步发展阶段
进入21世纪	中俄战略合作伙伴关系得到进一步发展,达到前所未有的高度	2004年,全国开设俄语的高校增至65所,俄语专业学生总数达6 000多人
2013年"一带一路"倡议提出以来	"丝绸之路经济带"沿线国中大多为苏联解体后的俄语国家,经济、文化、科技等领域的交流与合作以俄语作为通用语	中国开设俄语专业的院校153所,在校学生约2万人,专职俄语教师近1 600人。中国高校俄语教学迎来第二次高潮

由表4-1可知,新中国70余年俄语教学可谓大起大落,它经历了6个时期的变化和发展,近10年迎来了第二个发展高潮。为了研究需要,我们将第一和第二个时期作为俄语教学的第一个阶段:新中国成立17年间(1949—1966年),这两个时期的俄语教学的共同特征一是处于起步阶段,二是受中苏关系影响大;第三和第四个时期的中国俄语教学的共同特征就是起起伏伏,我们把这两个时期合并为一个阶段:中苏关系复杂期;第五个时期是中

国俄语教学恢复期;第六个时期是"一带一路"倡议提出,即新时期的俄语教学。

中国俄语教育的变化始终与国家政策和中苏(俄)关系紧密相关,它是中国外语教学中最为敏感的一环。对此,学者们也有着自己的研究:新中国成立伊始,百废待兴。毛泽东主席向全国人民发出了向苏联学习的号召。要向苏联学习,首先必须培养一批懂俄语的人才(王守仁,2008)。20世纪60年代初由于苏联突然单方面撕毁协议,撤走专家,中苏关系更是极度恶化。受政治气候影响,高校大学外语教学开始转向以英语为主(何红梅 等,2017)。邓小平同志在1978年春天关于教育工作的重要讲话中提出,俄语在外语教育中应保持必要的比例。俄语人才的培养不能断线,要采取少而精的原则。少数中小学可开设俄语课,与苏联接壤的各省、自治区可适当扩大开设范围(何红梅 等,2017)。"新丝绸之路经济带"沿线17个俄语国家具有重要的战略地位,而作为交际工具的俄语无疑成为"香饽饽",其语言主导地位短时期内难以动摇。这种大起大落会在中国的外语教育政策中有所反映,也必然给教育的主体(俄语教师)带来各方面的变化和挑战。

如本书第三章论述,已有的国内外语教师成长及其环境影响的研究均以英语教师为对象,且均为共时研究,关注小语种教师的研究鲜少有,而历时研究尚未见到。因此,本书以新中国外语教育政策变迁中的俄语教师发展环境为主题进行分时期的研究,并以本章作为统领性章节,通过对几代俄语教师的访谈和跟踪进行该群体职业环境的历时研究。

4.4 研 究 设 计

4.4.1 研究问题

基于教师职业发展和所处环境之间的关系,我们回答以下两个研究问题:

(1) 新中国几代俄语教师的职业生涯和自身发展受到了哪些因素的影响?哪方面的影响最大?

(2) 新中国几代俄语教师怎样在与环境的交互中成长?

4.4.2 调查对象

笔者于2018年秋季学期在中国国内几所大学参与了课堂活动,并做了观察和记录。2019年春季学期又针对一系列教师进行了深入访谈和实地调查工作。本章的10位被访问者都是国内从事俄语教学的一线教师。他们代表不同的年龄段和学历水平,年龄跨度从30~80岁不等,学历水平也从本科到博士各不相同。按照表4-1中国俄语教学的分期,他们经历了中国俄语教学的2~4个时期不等,少数几位年轻教师从上学到执教也经历了中国俄语教学的几度变迁。从学科领域来看,他们的研究方向也各不相同,包括语言学、语言教学、翻译、文学和当今兴起的区域国别研究。被访者情况见表4-2。

表4-2 俄语教师综合信息表

教师	年龄	学历	职称	地区	学校类型
华老	60~80岁	本科	副教授	西北	外语
平老	60~80岁	本科	教授	东部	综合
萍萍	50~60岁	博士	副教授	西北	外语
红红	50~60岁	博士	教授	南方	综合
圆圆	40~50岁	博士	教授	西北	师范
莹莹	40~50岁	博士	教授	西北	外语
华华	40~50岁	硕士	讲师	东部	综合
随缘	40岁以下	博士	副教授	西北	师范
小倩	40岁以下	博士	讲师	南方	综合
小鸿	40岁以下	博士	讲师	南方	综合

4.4.3 研究工具与数据搜集

本章以10位俄语教师为研究对象,以质性的、细描的方式探讨生态环境对新中国俄语教师职业发展的影响,质的研究选择的样本一般都比较小,有时甚至只有一个人或一个地点,而且抽样时遵循的是"目的性抽样"的原则,即根据具体情境抽取可以为研究问题提供最大信息量的人和事(Patton,2014;转引自陈向明,2000)。一般来说,质的研究特别强调在自然情境下进行体验型研究。一个"好"的研究报告不仅应该对研究的结果进行总结,而且应该对研究的过程以及研究对象所处的文化背景本身进行"深描"(Geertz,1973)。细致、具体的描述不仅可以使现象显得"真实",而且可以提高事件所代表之意义的可转换性(转引自陈向明,2000)[6]。这里的"目的性抽样""深描""自然情境""细致具体"等特征都为本书的研究提供了可行性,因此我们将采用质性的方法来研究新中国70余年错综复杂的俄语教育生态环境与教师职业发展的关系。

本书数据来源于两个途径:① 使用录音笔,通过访谈录音的方式搜集数据,并对访谈内容进行了转写。10次访谈时间约20个小时,转写后的文本约6万字符。② 搜集了10位俄语教师的笔记,共计9万字。

4.4.4 研究步骤

根据质性研究的一般方法和本书的研究目的,我们的研究将分为数据搜集、数据分析、主题描写和俄语教师职业发展环境模式构建4个部分,具体步骤见图4-2。

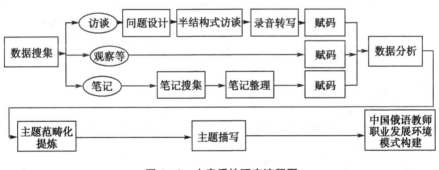

图4-2 本章质性研究流程图

4.5 数据分析

4.5.1 访谈问题设计

为了使访谈更加具有针对性,我们设计了访谈的主要问题并对其进行了分类,见表4-3。

表 4-3　访谈的主要问题

问题	所属类别
1. 您的年龄、性别、工作年限?	个人背景
2. 您认为中国俄语教师的教学、科研状况与其他专业或语种教师相比有哪些有利和不利条件? 3. 您的教学、科研是否和薪资、待遇、升迁等问题相关联?	专业发展
4. 您是否参加过本专业的教师进修? 5. 您是否获得过公费留学或者攻读学位的机会? 6. 哪种进修和提高的方式对您最有效?	发展机遇
7. 您所在的学校是一所什么样性质的学校? 位于中国的哪个区域? 8. 您认为学校对俄语教师的教学和科研要求是否在您的能力范围之内? 9. 哪些因素影响了您的专业发展(意识形态、教育政策、社会文化环境、学校因素、自身因素)? 10. 这些环境因素对您专业的发展产生了哪些积极或消极的影响? 11. 我们把新中国俄语教学初步分为六个时期,您是否赞同这一分期? 您经历了其中的几个时期? 12. 如果赞同以上分期,您认为哪个时期是您专业发展的最佳时期? 哪个时期专业发展最受限制?	影响发展的环境因素

4.5.2　研究发现

我们对访谈的转写文本和教师笔记进行关键词提取和三级编码,并进行范畴化和类属化,提炼影响中国俄语教师专业发展的主题。一级编码是在原始语料中寻找词句,根据研究者的经验和理论水平给出概念;二级编码即寻找各概念之间的关联,形成概念的核心范畴化;三级编码就是在所有已发现的概念之中经过系统分析以后形成具有统领性的核心类属,完成主题提炼的过程。访谈和笔记文本三级编码、概念化和范畴化见表 4-4 和图 4-3。

表 4-4 中国俄语教师生态环境编码

序号	时期	一级编码(概念化)	对应二级编码序号	范畴化(二级编码)	序号
1	20世纪50年代	苏联专家授课	④	中俄交流	①
2		苏联撤走专家 —2	②	中苏(俄)关系	②
3	20世纪60年代	《人民日报》社论：俄语专业教师过剩 —7	②	留学	③
4		国家鼓励俄语教师转专业 —7	⑤	外教	④
5		学生停课，到农村劳动 —6	⑥	国家政策	⑤
6		个人坚持学习 —10	⑩	停课	⑥
7	20世纪70年代	打下扎实的俄语基础 —10	⑩	专业需求	⑦
8		留校任教 —10	⑩	区域	⑧
9		俄语专业恢复招生 —5	⑤	家庭	⑨
10	20世纪80年代	恢复外教上课(西外)① —4	④	自身	⑩
11		1989年第一批公派留学 —3	③		
12		中俄交流年 —1	①		
13	20世纪90年代	教师互派(西北、华北) —8	⑧		
14		专业需求小，担心失业(南方) —8	⑧		
15		俄语老师转专业(南方) —8	⑧		
16	21世纪	带着孩子读博士，坚守事业 —10	⑩		
17		照顾家庭，失去了提升的机会 —9	⑨		
18	2013年"一带一路"倡议提出以来	"一带一路"倡议 —5	⑤		
19		留学项目增加 —5	⑤		
20		成立西外白俄中心 —8	⑧		
21		录制信息化课程 —10	⑩		
22		开展区域国别研究 —5	⑤		

注：① 西外：1958年更名为西安外国语学院，2006年更名为西安外国语大学。

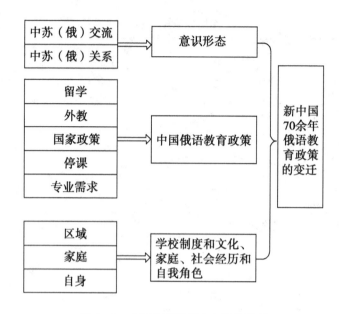

图 4-3 中国俄语教师生态环境编码

我们发现,生态环境的4个维度对中国俄语教师的发展都有影响,其由内而外的关系符合图4-1的描述。在这4个维度中,留学、外教、国家政策、停课和专业需求均属于中国俄语教育政策的范畴,回溯到原始一级编码,其数量最多,对教师专业发展的影响最大;意识形态、中俄关系因素对应的原始一级编码数量虽然只有4项,但是它对于教师的影响往往是教师通过自身努力无法改变的,而且中俄关系的影响会持续几年甚至几十年,它会改变一个俄语教师一生的职业选择,因此它的影响仅次于中国俄语教育政策;再次是学校制度和文化以及个人角色和家庭因素,而新中国70余年俄语教育政策的变迁是贯穿以上4个维度的一条主线。

4.5.2.1 意识形态与教师发展

意识形态是生态环境的宏观系统,中国俄语教师发展的宏观环境主要是中苏(俄)关系、中苏(俄)交流。根据访谈资料我们发现,几乎所有的被访者都提到了中苏(俄)关系和中俄交流对自身专业发展的影响,其中最为突出的当属两个时期:20世纪60~70年代末中苏关系恶化和2013年"一带一路"倡议提出以后。结合表4-1,我们试图描述宏观的意识形态环境对俄语教师发展的影响:

20世纪60~70年代末,中苏关系和中苏交流处于低潮期,国家对俄语教育的需求缩减。老一辈俄语人亲历了中国俄语教学的低潮期,他们的职业生涯在那个时期不再发展。如华老说:"我上学的时候是1956—1960年,由苏联专家上课,但是1960年我毕业留校后苏联专家都回国了,我们遇到问题也没人可以请教。那时候老师们看到《人民日报》上的一篇社论,评论俄语专业教师过剩了,很是担心。"

华老描述的俄语教师状况,即没有外教、学生停课、很多人不再从事与俄语有关的工作等都是在中苏关系低潮期,甚至恶化期这一意识形态的宏观环境中发生的。在当时的意识形态背景下,俄语教师没有能力选择自己的发展道路,只能在顺应环境的前提下调适自己,被动地等待命运的转折。平老在自己的论述中也提到了那个时代俄语专业被迫停课、下乡劳动,甚至有些人做了政工干部,这是由中国20世纪60~70年代的大背景造成的。

2013年"一带一路"倡议的提出成为近年来中国俄语教师发展的宏观背景。"一带一路"沿线有17个俄语国家,"一带"中的第一个"带"几乎都用俄语交流。"一带一路,语言铺路"(李宇明,2015),俄语成为建设沿线国家"五通",特别是"民心相通"不可或缺的因素。中国和俄语国家关系的不断深化、人文交流的深入发展把中国的俄语教学提升到一个新的战略高度,也给俄语教师带来机遇。如随缘说:"教学和个人发展方面我非常得益于'一带一路'倡议,因为我们现在重视'一带一路'沿线国家的国情文化,我才结合自己的留学经历,选择做了'白俄罗斯国情文化'的信息化课程。"

从其他几位被访者的叙述中也可以感受到"一带一路"倡议给各年龄段俄语教师的职业生涯带来的机遇。年轻教师可以做"一带一路"沿线国家的研究和相关的信息化课程,中年教师获得了更多学术交流的机会,渐渐成为"一带一路"研究的中坚力量,年龄更大一点的教师也在中俄交流年等活动中展示了自己的才华和能力,证明了"一带一路"倡议这一意识形态是众多俄语教师职业生涯走向高潮不可或缺的因素。

4.5.2.2 中国俄语教育政策与教师发展

如表4-1,中国俄语教师专业发展可以分为6个时期,其中最能体现中国俄语教育政策促进和制约的是其中的3个时期:

第一个时期是20世纪60年代至70年代末,这一时期,国家不鼓励俄语专业发展,高校大学外语教学开始转向以英语为主。

平老说:"国家那时候允许俄语老师转专业,我们中有一半人都转到法学、中文等专业了。"

第二个时期是20世纪80年代至90年代初,俄语教师恢复职业生涯。

平老说:"1986年,俄语专业的命运开始出现转折,我们这里开始有外教了。"

萍萍在自己的叙述中说:"俄语教学和教师的命运都受到国家政策和中苏关系的影响,我上学的最后一年,也就是1986年,西安外国语学院才来了第一个外教。1989年,我参加了公派出国人员考试,并有幸被选中赴俄罗斯留学,这也是我们国家自中苏关系中断以后的第一批公派赴俄留学人员。"

这一时期俄语教学的复苏无疑与"邓小平同志在1978年春天关于教育工作的重要讲话"紧密相关,"讲话"是当时一项重要的教育政策,其中提到:俄语在外语教育中应保持必要的比例,俄语人才的培养不能断线。在这一政策的关照下,中国俄语教师经历了漫长的沉寂期之后终于可以恢复自己的职业生涯,开始正常的进修、培训和学习。从其他几位中年以上被访者的谈话中,我们也可以感觉到他们面对职业生涯复苏时的兴奋之情和投身事业的激情。可以说,中国俄语教学和教师发展也自此走上了良性的轨道。

第三个时期是"一带一路"倡议提出以后。一方面,这一时期的中俄关系、中俄交流大大促进了俄语教学和教师的发展(如4.5.2.1节所述);另一方面中国俄语教学办学规模的扩大(表4-1),俄语教学理事会主办各项活动的常规化、制度化,活动参与人数的增加也为教师提供了多维度的交流平台。

圆圆说:"现在每年俄语教学理事会的活动最少有十几场,包括会议、学生比赛等,我会选择性地参加。其间了解到兄弟院校办学理念、学术科研的新动向,促进自己的专业发展。"

由此可见,新中国70余年俄语教育政策经历了多次的变迁,它主要体现在对专业发展的支持或抑制,对办学规模、教师队伍的控制,经费支持(如公派留学)等方面。根据Zeichner(2006)[89]提出的教师教育的框架,这些因素构成了教师发展的大系统。

4.5.2.3 地区、学校环境与中国俄语教师发展

20世纪90年代到21世纪初,中国俄语教学继续恢复,各高校俄语专业招生正常化。这一时期由于全国高校俄语专业发展不平衡,生态环境的内部环境,即地区、学校因素对教师发展的影响最为明显。

身处西北某外国语大学的萍萍感觉到留学回来以后自己的专业终于有了施展的机会。

而身处东部某高校的华华由于东部的俄语专业毕业生需求量少,学校3个俄语教师也几乎完不成课时量,时常担心自己会失业。

而在西北某外国语大学工作的随缘,由于俄语专业的就业形势不好,感觉自己很边缘。

由表4-4的一级编码可知,多位被访者提及学校和地区因素对自身发展的影响,如教师互派(西北、华北)、俄语教师转专业(南方)。由萍萍、华华和随缘的访谈资料更可以从微观的视角看到20世纪90年代到21世纪初内部环境对俄语教师发展的影响。萍萍在西安,华华在东部,随缘在兰州。他们的学校环境也不一样,萍萍在外语类院校,不管全国俄语专业的形势如何,学校的俄语专业还是会继续招生。特别是90年代俄语专业的复苏期,他们的机遇也越来越多,获得了很好的发展。而东部综合性院校和兰州师范类高校的年轻教师却面临着自身发展的严峻挑战。因为俄语专业在这两类高校里本身就不是主流学科,俄语教师在学校里也很难被重视并获得很好的发展机遇。可见,学校、地区等因素构成了中国俄语教师发展的内部环境,地方政府对俄语专业的支持或抑制、经费投入、学生就业,所处高校的招生政策、课时安排、培养方案等环境因素对俄语教师的专业发展都会起到促进或阻碍的作用。

4.5.2.4 自身多元角色与中国俄语教师发展

相同的历史时期和社会文化环境下,俄语教师们不同的个人性格特征、对待职业生涯的不同选择、对自身多元角色的认同方式往往会使得他们自身的发展走向不同的方向,这些构成了俄语教师发展中内部环境的微环境。由表4-4的一级编码可知,自身多元角色在20世纪70年代的俄语教学低潮期和21世纪都曾是影响教师发展的重要因素。我们试图通过访谈资料对微环境进行描写。

华老说:"20世纪70年代,俄语专业停止招生了,我照顾好家庭的同时不放弃俄语学习。"

小倩说:"21世纪初,我毕业留校了,但是感觉俄语专业很边缘。当时身边好多人转专业,我选择坚守着俄语这份事业。"

圆圆说:"20世纪90年代末至21世纪初,我们学校的俄语教师存在着完不成课时量的问题。后来我选择带着孩子读博士,坚守这份我热爱的事业。"

随缘说:"博士毕业后,我特别渴望再次进修,但是由于学校的服务期和家庭、孩子的制约,这个愿望一直没能实现。"

萍萍说:"20世纪90年代,我留学回来以后面临的最大挑战就是家庭、社会等,我没有时间处理自己的学术科研,从而也感觉到自己面临巨大的挑战。"

以上4位被访者都谈到了家庭、孩子和自己专业发展的关系,都认为教师、家长、子女等多重角色影响着自己的专业发展,而4位被访者对待专业发展和家庭责任的不同态度也导致了他们不同的专业发展路径,即不同个体面对困境时做出的选择带给他们不同的命运。小倩和圆圆在顺应时代的同时,有着调适甚至与环境博弈的智慧和勇气。他们在夹缝中求生存,在逆境中求发展,最为可贵的是他们勇于创造环境的精神。教师自身多元角色始终处于矛盾的发展之中。面对类似的微环境,圆圆在困境中选择带着孩子读博士,走过了人生中非常艰难的几年,现在已经成长为一位成熟的俄语专业教授和学者。小倩在困境中选择自我调适和坚守,等到了职业发展的良好机遇。而萍萍由于无法处理孩子、老人和学术科研的关系,目前个人发展面临困境。华老经历的外部环境是20世纪60~70年代中国俄语教育的低潮期,但是她同样承担着教师、母亲、女儿、受教育者等多元角色。她在与不利环境打交道的过程中形成了顺应和妥协的态度,同时也努力尝试协调与环境之间的冲突、观察、等待,从而实现自己的生命价值。

由此可见,自身多元角色是俄语教师专业发展生态环境的最内层,教师的家庭责任、社会责任、受教育程度和再次进修的愿望差异较大,这些微环境的多变因素都会影响他们的专业发展。而教师本身的性格因素也是微环境的一部分,坚毅、柔韧、不畏挫折的性格能够帮助教师坚守事业,在逆境中寻找出路,妥协、安逸的性格会使教师失去最佳的专业发展机遇。

4.6　讨论与启示

4.6.1　讨论

从新中国成立到今天,我国非通用语种教学和人才培养事业走过的是一条充满困难和挑战的道路(戴炜栋 等,2009)。其中俄语教学和俄语教师走过的道路更加不寻常。通过本章的质性分析,我们有四点发现:

第一,中国俄语教师认识到意识形态(中俄关系和中俄交流)和国家外语教育政策是影响他们专业的最近区域之一。对环境因素的认识越深,其对个人行为的影响就越大(Lewin，1936)。如萍萍等中年俄语人坦承"我觉得俄语教学和教师的命运都受到国家政策和中苏关系的影响"；华老等老一辈俄语人看到"《人民日报》上的一篇社论，评论俄语专业教师过剩了"，并"允许俄语教师转专业"时，他们也深深担忧自己的命运。因此，中国俄语教师对中俄关系的变化始终保持着敏感的态度，关心着专业发展的制度环境和宏观语境的变化。

中国俄语教师关注的核心问题还和专业发展的大系统有关，其中包括教学大纲和教育纲要等文件。如1964年的《外语教育七年规划纲要》明确指出，学校教育中确定英语为第一外语，大力调整高等学校和中等学校开设外语课的语种比例，并明确要求学习俄语的人数要适当收缩，适应实际需要即可。这一时期的中国俄语教师普遍认为自己的事业不会成功。俄语的教学大纲1956年第一次制订，其间没有再修订，直至1998年，身处这个外部环境中的俄语教师也感觉到自己被边缘和遗忘，他们虽然可以与环境调适和博弈，避免与不利环境的直接冲突，但是个人的策略和抗争还是显得非常无力。

当第二版《高等学校俄语专业教学大纲》(全国高等学校外语专业教学指导委员会等，2012)[9]明确提出俄语课程应该反映出本学科的最新研究成果和语言、国情等方面的实际变化时，重视学术成为俄语教师发展的外部环境。另外，国家对俄语人的期待是"开展区域国别和俄语国家研究"，"我们这些学习语言专业的又没有基础，研究很难深入下去，个人发展又面临瓶颈期"(摘自随缘访谈)。因此，从专业发展来看，中国俄语教师相比其他教师群体更加受制于环境。面对中苏(俄)关系和国家外语教育政策的制约，他们要想实现自我突破和跨越式发展是十分困难的。

第二，中国俄语教师关注专业发展的中间系统，以往的研究指出，学校缺乏支持性条件(王海啸，2009；戴曼纯 等，2004)和"重科研、轻教学"的评价体系严重限制了教师发展(陈桦 等，2013)。我们发现，俄语教师期望得到区域或学校的支持，如圆圆谈到校方认为俄语专业毕业生在南方无法就业，劝我们俄语教师攻读管理学等专业的硕士、博士学位。区域和学校环境客观存在于中国俄语教师的专业发展中，因为中国的俄语教学主要集中在北方地区，且外语类院校俄语教师的受重视程度远远高于师范类和综合性院校。这一现象的形成一是由于中国北方是对俄贸易往来的优势地区，二是与新中国初期外语专业的学科布局有关。

第三，根据生态系统理论，对教师发展影响最大的是个人环境，即微系统，涉及教师内在信念、情感体验和人际交互等要素（Barkhuizen，2008）。虽然本书调查发现，意识形态和国家外语教育政策对中国俄语教师的影响超过一般的外语教师，但我们也发现参与者对所处环境中的重要活动（升学、科研、改革等）表现出的积极态度源于他们的职业发展信念，对他们的环境感知和实践有重要作用。他们对待事业、家庭、老人、孩子关系的态度和处理对策促进或阻滞了个人发展。

第四，新中国外语教育政策的变迁贯穿于俄语教师专业发展的宏观环境、外部环境、内部环境的始终，从新中国成立初期毛泽东主席向全国人民发出学习苏联的号召，到1956年《高级中学俄语教学大纲（草案）》的编订，再到1964年《纲要》的发布，2003年第一版《高等学校俄语专业教学大纲》和2012年第二版《高等学校俄语专业教学大纲》的出版。教育政策的历时变化也构成了中国俄语教师发展的时间系统，政策向俄语教师倾斜时，他们留学、进修、开辟新的研究领域、开设信息化课程，积极寻求发展；政策于他们不利时，他们顺应、坚守、等待国家政策的支持。

4.6.2 研究启示

中国俄语教师70余年面临的复杂困难处境是他们自身、所处的学校和区域环境、国家教育政策和意识形态环境共同作用的结果。准确识别这些环境要素，帮助俄语教师实现自我价值和自身发展具有其迫切性。基于调研结果，我们得出三点启示：第一，教师要坚持信念。面对环境挑战，教师要发挥能动性，调适人际交互关系，为自己创造适宜的发展条件。第二，制定俄语教师专业发展的中长期规划，为俄语教师专业发展的制度化、规范化和可持续性创造条件，在俄语专业低潮期考虑制定弹性考核机制，不以本科生课时数作为唯一要求。第三，学界和教育主管部门要在深化教育体制改革中，引导俄语教师正确对待职业生涯的起伏，形成良好的职业认同感。

4.7 结　　语

以教师发展的生态环境研究为基础，本章通过深度访谈和调查揭示了新中国70余年高校俄语教师的发展环境。研究发现，大系统、外系统、中间系统和微系统都曾影响了新中国俄语教师的个人发展，而新中国外语教育政策的变迁又是贯穿这些环境因素的时间线索。在这些环境因素中,外系统(意识形态)和大系统(教育政策)在俄语教师的发展中起到的促进或阻滞作用最为明显。通过本章的质性分析,我们希望社会和学校更加理解俄语教师这个群体;充分肯定他们的工作价值,提高其职业价值感和归属感;帮助他们在逆境中坚持、在顺境时激发教育和学术热情,在为国家服务的同时也不断谋求自身的发展。

第五章

新中国成立 17 年间的俄语教师职业发展生态环境研究

新中国成立 17 年间指的是 1949—1966 年。作为首个与新中国建交的国家，苏联在新中国成立初期曾给予教育、文化、技术等各方面的支持，这一时期的中苏人文交流具有历史背景、法律基础和体制基础（陶源 等，2019）。但是在这 17 年中，由于中苏关系的变化，俄语教学的状况也在发生变化，根据新中国成立 17 年间俄语教学的政策和状况，我们可以将这一时期分为两个阶段：1949—1956 年和 1957—1966 年。以 4 位老一辈俄语教师的访谈、回忆文章和口述为数据来源，探讨这一时期中国俄语教师职业发展与环境的关系问题。

5.1 新中国成立 17 年间的俄语教育政策及教育发展

5.1.1 1949—1956 年的俄语教育政策及教育发展

本书第二章和第三章均对新中国俄语教学的分期情况进行了简述，为了对本章内容涉及的时代背景有一个清晰的了解，这里还将对新中国成立 17 年间的俄语教学情况进行较为详细的阐述。

新中国成立初期的 1949—1956 年，中国的外交政策呈现"一边倒"的趋势,这一时期又称为中苏关系"蜜月期"。这一时期,中国俄语教学迅速发展,开设俄语专业的学校不断增加,教师队伍也迅速壮大,而构成中苏关系"蜜月期"俄语教师职业发展宏观环境(大系统)的是国家政策、外交政策和外语教育政策。

新中国成立前夕的1949年6月30日,为了庆祝中国共产党成立28周年,毛泽东主席发表了《论人民民主专政》,毛主席在该文中指出:"一边倒,是孙中山的40年经验和共产党28年经验教训给我们的,深知欲达到胜利和巩固胜利,必须一边倒。积40年和28年的经验,中国人不是倒向帝国主义一边,就是倒向社会主义一边,绝无例外。"(毛泽东,1991)[1473]"我们在国际上是属于以苏联为首的反帝国主义战线一方面的,真正的友谊的援助只能向这一方面去找,而不能向帝国主义战线一方面去找。"(毛泽东,1991)[1475]

"苏联共产党在列宁和斯大林领导之下,他们不但会革命,也会建设。他们已经建设起来了一个伟大的光辉灿烂的社会主义国家。苏联共产党就是我们的最好的先生,我们必须向他们学习。"(毛泽东,1991)[1481]要向苏联学习,就必须培养俄语人才,国家对俄语人才的需求也就要求新中国的外语教育必须向俄语人才培养倾斜,在此背景下,党中央决定成立一所俄语人才培养的专门学校。1949年10月,北京俄文专修学校(以下简称北京俄专)正式成立,归属于中共中央编译局,由中央编译局局长师哲兼任校长,副局长张锡俦任副校长。毛泽东主席亲自为北京俄专题写了校名,说明了党和国家对北京俄专和俄语教育的支持和关怀。1950年初刘少奇副主席接见北京俄专科级以上干部并指出,中苏两国的合作前景广阔,大批苏联专家即将来华进行援建工作,国家急需大批俄文翻译人才。刘少奇副主席还指出了北京俄专的人才培养目标是为国家培养合格的俄文人才和翻译干部,指明了北京俄专的办学方向。北京俄专办学初期,学制为两年,课程设置仅有俄语和政治。当时的俄语课程包含了语言学习的所有内容,后来在苏联专家的帮助下,课程逐渐丰富,除俄语实践课外,增设语言学概论、语音学、语法学、词汇学、修辞学等课程。

由于当时各俄文专科学校及俄语训练班由中央各部、委、局分口领导,势必在学制、培养方向、教学计划、教学方法、教材、师资配备等方面各行其是,情况比较杂乱。毛主席指示,为了加强对俄语教学的领导,召开一次全国俄文教学工作会议,并建议成立一个俄语教学指导委员会。根据毛主席的指示,中共中央宣传部、中共中央编译局于1951年9月在北京召开了第一次全国俄文教学工作会议。胡乔木致开幕词,并传达了中共中央书记处所提出的本次会议的目的和要求。朱德总司令出席总结会并做了讲话。他指出培养俄语人才对于国家建设具有很重要的作用,勉励大家努力完成这项党和政府交给的艰巨任务。会议认为:两年来各地虽已设立了若干俄文学校,但无论数量和质量都是不够的,综合性大学的俄文系一般成绩不够好,要学习俄文专科学校的经验,以改进教学工作。当前各大学、中学普遍要求增设俄文课程,但师资非常缺乏;各俄专和大学系科也存在师资不足、水平不高的问题。因此应抓紧俄文教师的培训工作。许多俄文教材已不适用,新的教材亟待编写。为此,会议初步规定了各俄文专科学校的教学方针、任务和分工,并就师资培养、教材编写等问题进行了研讨。会议就这些情况和问题起草了文件,会后经周总理亲自批准,于1952年3月10日下达了《关于全国俄文专科学校的决定》(以下简称《决定》)。

《决定》对俄文教研室的设立和师资培养进行了明确的规定:"各俄文专门学校必须设立教学研究室,其任务为贯彻学校教育方针,研究与改进教学计划、教授法和教材,交换教学经验,提高教员与助教之业务水平。""各俄文专门学校必须以极大努力培养师资,以期能于三五年内基本上解决自身和各主要高等学校所需要的俄文教员。"

《决定》对有关俄文教学指导的问题也有规定,中央人民政府教育部成立全国俄文教学指导委员会,负责研究、指导俄文教学计划与方针,并研究教材与教员调整等问题(包括审查聘请外籍专任教员的问题),并决定将《俄文教学》作为全国俄文教学指导委员会的机关刊物。全国俄文教学指导委员会的人选都是周总理会同教育部、组织部、中共中央俄文编译局商定后批准任命的。全国俄文教学指导委员会由中共中央编译局局长师哲任主任委员,副主任委员为张锡俦、张勃川,委员有李楚离、张仲实、马列、贾震、曹汀、罗俊才、高亚天、邹鲁风、王季愚及军委总干部管理部代表一人。

从1952年起,我国的俄语教育得到了迅速的发展。早在1951年7月,也就是早于第一次全国俄文教学工作会议召开两个月,西北俄文专科学校就在中央人民政府教育部的批准下成立了。1952年初,西北局书记习仲勋等亲临西安南郊勘察校址。当年10月底建成首批校舍,1952年11月17日西北俄专正式开学上课,由此,到1952年底全国的俄文专科学校不再是文件中的6所,而是7所:北京俄专、上海俄专、哈外专、沈阳俄专、西南俄专(重庆)、西北俄专(西安)、新疆迪化(当时尚未改名为乌鲁木齐)俄专。此外,各部委还设立了俄专,如一机部的大连工业俄专,二机部的北京工业俄专,军委所属的大连俄专等。综合性大学设立俄文系、科的有:北京大学、中国人民大学、南京大学、南开大学、复旦大学、中山大学、武汉大学、山东大学、东北人民大学、广西大学和南昌大学等17所。师范院校设立俄文科、系的有:北京师范大学、华东师范大学、东北师范大学、天津师范学院、华南师范学院、昆明师范学院、浙江师范学院、苏南师范学院、沈阳师专、江西师专、黑龙江师专(齐齐哈尔)、松江师专(哈尔滨)等19所。当时高等院校的公共外语大都是俄文。不仅学生学俄文,教师也学俄文,甚至如朱光潜这样当时已年过半百的名教授也学俄文。俄语课还在很多中学和中专开设。1952年出版了初、高中俄文课本。各地的中苏友协和各地电台举办了各种俄文的业余教学,因而学习俄文的人数已经具有相当的规模。

5.1.2　1957—1966年期间的俄语教育政策及教育发展

由于1949—1956年间俄语专业招生过多,导致1957年俄语教学的形势发生了转折,由人才短缺变成人才过剩,为此,国家采取了多方面措施。一方面,对于已有的俄语专业师生进行延长学制、停招或分流,劝其改学其他语种;对于已经毕业的俄语专业人才,国家动员他们学习其他专业,走专业和俄语结合的路子。因此,这一时期,国家开始缩小俄语教育的规模,从专业课到公共课均扩大英语教学。

另一方面,从1958年起,国家开始对7所俄专进行改造合并工作,其中西北俄专更名为西安外国语学院,北京俄专合并入北京外国语学院,沈阳俄专合并入辽宁大学,哈尔滨外国语学院合并入黑龙江大学,西南俄专合并入四川外国语学院,新疆俄专停办。

国家采取的另一项措施就是开设和发展其他语种,减少俄语专业毕业生的总量。如北京广播学院1959年成立,外语系设有英语、波斯语、西班牙语、葡萄牙语、土耳其语、意大利语。1960年成立的上海对外贸易学院,其外贸外语系设英语、法语、日语、德语、西班牙语、阿拉伯语等专业。1961年成立的外交学院设有英、法、日等语种。因此,这一时期国家通过扩大其他语种的招生和教育,从而对俄语教学进行收缩。

1960年以后,国家致力于外语专业教学质量的提高,主要措施在于编撰新教材,提高听说读写等语言基本功的分量,降低政治和意识形态在教材中的比重,应云天主编的供理工科学生使用的俄语教材正是在这一时代背景下出版的。有些学校还试行了"听说领先法",取得了一定成绩。可以说,1960年之后,外语教育又进入了一个新的发展时期。

1964年10月教育部会同中央有关部门制定了《纲要》。其首先回顾和总结了新中国成立15年来的外语教育工作,指出:目前高等外语院系培养出来的学生,在数量和质量上都远不能满足国家社会主义建设和外事工作的需要,整个外语教育的基础,同国家需要很不适应,呈现出尖锐的矛盾。之所以会出现这种状况,除客观形势的发展变化外,我们工作上的缺点错误是一个重要原因。新中国成立初期和第一个五年计划期间,几乎在"空地"上大量发展起俄语教育,基本上满足了当时对俄语干部的大量需求,取得了很好的成绩。但当时由于对其他外语人才的需求估计不足,因而把中学外语几乎全部改为俄语,继而取消初中外语,这就招致外语教育的片面发展,并使整个外语教育水平大大降低。高等学校对俄语以外的其他外语教育的发展也未予以足够关注。

1964年起,在中央指示下,各学校陆续将英语确定为第一外语,大力调整高等学校和中等学校开设外语课的语种比例。英语、法语、西班牙语、阿拉伯语、日语和德语的学习人数较1956年之前稳步增加,其他非通用语种的学习人数也占到了一定的比例。学习俄语的人数在逐步适当收缩。

国家实行的一系列政策,特别是《纲要》的颁布对1957—1966年俄语教育状况造成了决定性的影响,但是这一时期的俄语教育仍在中学和高等教育中占有绝对的优势,只是在逐渐缩小规模。直至1964年,学习俄语的人数仍然占到中学学习外语人数的2/3,学习英语的人数只占1/3,高等外语院系在校学生25 000人中,学习俄语的仍占46%,学习英语和其他外语的总共只占54%。因此,这一时期俄语教师的职业发展仍然处于上升期,其外部环境、学习环境都处于良性发展中。

5.2 研 究 方 法

5.2.1 研究设计

本章采取质性的研究方法。但由于所研究的历史时期和对象距今已有70多年,这一时期众多俄语教学的亲历者或已不在人世,或年事已高,无法进行访谈和跟踪,这给研究带来了很大的困难。经过笔者的努力,本书访谈到了一位原西北俄专的资深教师,并以已故俄语教育家华邵先生的回忆录(华邵,2021)为数据来源,加以俄语教育家李英男教授的访谈(孙芳,2020)和俄罗斯汉学家梅里霍夫(Г. В. Мелихов)[①]的口述史材料,试图挖掘新中国成立17年间中国俄语教师的职业发展环境。研究对象来自中国早期的3所俄专,以及梅里霍夫工作的中国人民大学,分别位于西安、北京、哈尔滨,学校类型在新中国成立初期为俄文专修学校和综合性大学,3所俄专后于1957—1966年间经过增设语种,分别合并入西安外国语学院、北京外国语学院和黑龙江大学。3位俄语教育家和汉学家梅里霍夫所处的地域不同,但是都曾在新中国成立17年间这一历史时期从事过俄语教学或学习,有着各自的切身体会,他们的回忆对于考察这一时期俄语教师的职业发展具有解释力。

由于本章研究的历史性,除了上述访谈,本章拟搜集相关的一手文献,如当时报纸的报道,搜集关于这一时期俄语教学的研究性文章,从中查找一些佐证性的数据支撑。

5.2.2 研究问题

本章以生态系统理论为基础,研究新中国成立17年间俄语教师职业发展的生态环境问题。Bronfenbrenner(1979)的生态系统理论认为发展的个体不仅受到环境的影响,而且不断进入并重构其周围环境;环境与个体相互适应,形成双向的相互作用;环境不仅指当下的情境因素,还包括与这些情境相关的更大的环境。Bronfenbrenner理论中的生态环境是一个同心、嵌套的系统,系统由内而外分别是微系统(microsystem)、中间系统(mesosystem)、外系统(exosystem)和大系统(macrosystem),其中微系统与个体的关系最为密切,向外依次递减。具体研究问题如下:

(1) 新中国成立17年间的国家政策和中苏关系形成了怎样的俄语教师发展生态系统?

(2) 该系统中中国俄语教师的职业发展受制于哪些因素?

---

① Г. В. 梅里霍夫(Г. В. Мелихов)(1930年生于哈尔滨),历史学博士(1986年),俄罗斯科学院历史学研究所高级研究员。梅里霍夫出生于哈尔滨,父亲曾在中东铁路工作过。1950—1955年在中国人民大学教授俄语,1955年回国后在中哈边境工作。1959年至20世纪70年代,梅里霍夫在苏联科学院东方学研究所工作,20世纪70~80年代,在苏联科学院世界经济政治研究所工作,后成为苏联科学院历史学研究所高级研究员,是17~20世纪中俄关系史等方面的专家。

(3) 这一时期的发展环境中,哪一级系统对教师能动性影响最大?

5.3 数据分析

5.3.1 大系统下的俄语教师职业发展

新中国成立 17 年间俄语教育政策和教育状况形成了中国俄语教师职业发展的宏观系统,本章 5.1 节对这一时期的中国俄语教育政策和教育状况进行了较为详细的陈述,其中隐含了一定的意识形态因素,这种因素影响着某一群体所有成员的社会蓝图。作为这一时期国家政策的一部分,新中国成立 17 年间的俄语教育大系统可以做以下几方面的理解:

(1) 新中国成立初期的中国俄语教育得到党中央、中央人民政府和毛主席、周总理、刘少奇副主席等多位党和国家领导人的亲切关怀,因此,可以说,这一时期的俄文教育是国家工程。

(2) 中共中央宣传部、中共中央编译局是大系统的重要"主体"之一,他们共同承办了第一次全国俄文教学工作会议,在新中国成立初期第一批俄专的建立过程中发挥着十分关键的作用。

(3) 中华人民共和国教育部作为大系统的另一个重要"主体",承担着发起、规划、实施和监督教育改革的职能,如 1964 年制定的《纲要》,从俄语教育规模过大到缩减招生、专业合并等。

由此,我们可以看出,新中国成立 17 年间的俄语教育宏观环境具有权威性和不可抗性,这一大系统为俄语教师的发展提供了良好的职业环境,俄语教师采取顺应和兼容(Qian et al. ,2004)的态度即可在这一时期获得职业发展的机会和平台。这一点在西北俄专资深教师的访谈和两位俄语教育家的口述史、回忆录中得以印证(Г. В. Мелихов 访谈录):

> 1950 年朝鲜战争爆发后,我校经上级批准从上海、北京、东北、四川等地招收了一批质量较高的学生,他们对教学提出了很高的要求,当时大多数俄侨教师并没有相应的知识准备,这样,满足这些要求的任务,就不得不由年轻的中国教师承担了(华邵,2021)[1]。

> 大约 1953 年底,苏联专家乌哈诺夫(Г. П. Уханов)来我校执教,系统讲解语音学、词法、句法、历史语法,他还倡导搞科研,并在我校召开第

一届全国俄语研究大会(华邵,2021)²。

与此同时,哈外专成为高等教育部直属的外国语学院。作为语法教研室成员,我承受了做一个正规大学教师的压力(华邵,2021)²。

她(李莎)①回忆说,那个时代的学生都非常认真,他们都是一心一意学习,"党要求我们怎么做就怎么做",都把学习当作一个革命任务(孙芳,2020)⁸⁰。

第一批的俄语教师就是来自全国各地的,是国家抽调来的,当时大家都是响应国家号召,为了成立西北俄专,调来了这一批老师,他们大多来自南方,都不是陕西人。(西北俄专隋老师②访谈)

三位俄语教师谈到这一时期国家在俄语专业教学、俄专建设和俄语师资建设中发挥的权威作用时,对国家政策进行了自己的解读和理解,如李莎老师谈到把俄语学习"当作一个革命任务",隋老师谈到"大家都是响应国家号召",华邵老师谈到"高等教育部直属"哈外专的建立、"第一届全国俄语研究大会的召开",所有这些无不透着国家对于俄语专业建设的关怀和支持。而作为那个时代的俄语人,老一辈俄语教师只要顺应这一国家政策,加以个人努力,就能获得自我的职业发展,如华邵老师提到"质量较高的学生""对教学提出了很高的要求"无疑会挑战并历练俄语教师的教学能力;苏联专家乌哈诺夫(Г. П. Уханов)在哈外专开展的语音学、词法、句法、历史语法等都为俄专教师的职业发展铺就了学术研究的道路,在哈外专基础上成立的黑龙江大

---

① 李莎(1914—2015),原名叶莉扎维塔·巴甫洛夫娜·基什金娜(Елизавета Петровна Кишкина),中国籍俄罗斯人,我国早期著名俄语教育家。她是已故无产阶级革命家、中国工人运动的杰出领导人之一、中共中央原政治局常委兼秘书长、宣传部长、全国人民防空委员会秘书长、全国总工会副主席李立三先生的夫人。李莎出生在俄罗斯萨拉托夫省,1941年毕业于莫斯科外语师范学院,先后在哈尔滨外国语专门学校、北京俄语学院、北京外国语学院、北京外国语大学任教。曾任中国俄语教学研究会理事、中国翻译工作者协会理事、中俄友好协会理事等职,系中国老教授协会名誉理事、全国政协委员。曾多次受到俄罗斯联邦和国际俄语教师联合会的嘉奖,并获颁勋章。(引自:孙芳. 情系俄语,教书育人:两代人的初心坚守——李英男口述史[J]. 欧亚人文研究,2020(4):79-85.)关于俄语教育家李莎,还可参见:李莎. 我的中国缘分:李立三夫人李莎回忆录[M]. 北京:外语教学与研究出版社,2009.

② 隋老师,西北俄专第一代俄语教师,亲历了从西北俄专到西安外国语大学的历史变迁和西北俄语教学几代人的成长,培养了西安外国语大学几代俄语教师。隋老师20世纪30年代初出身于甘肃一个普通劳动者家庭,父亲在当年"闯崴子"过程中结识了白俄的母亲,因此,隋老师自幼在双语家庭长大。

学后来成为俄语语言文学研究的重要阵地,也得益于这一时期的深厚积淀。由此,我们认为,新中国成立17年间俄语教育政策和教育状况是俄语教师发展的大系统,它是当时国家意志的体现,这一系统一方面对教师个体的职业发展具有很强的约束力;另一方面,也为教师的个人发展提供了广阔的空间和可能,教师们不仅可以在全国大规模的俄语招生中历练教学技能,而且可以在苏联专家的指导下开展学术研究,寻找自身的价值和发展空间。

5.3.2 外系统下的俄语教师职业发展

教师本身并不包括在外系统之中,但是外系统对于教师职业生涯及其发展会产生间接的影响。外系统从发展中个体以外更大的空间和关系中探寻影响发展的原因和解决办法。本章把从1949年6月30日毛泽东主席发表《论人民民主专政》提出"一边倒"政策到"文化大革命"前的17年作为时空背景,也就是研究的外系统。这一系统包括党中央、中央人民政府、教育部颁布的涉及高等学校的各项政策,国家领导人的讲话和文章,如本章5.1、5.2小节提到的毛泽东主席关于中苏关系的论述,刘少奇副主席接见北京俄专科级以上干部的讲话,以及17年里中国俄语教师面临的国内、国际环境和重大事件。所有这些都形成了当时的中苏关系的主要导向,也就是中国俄语教师职业发展的宏观和外围空间。

ВГ: В те годы вскоре после образования КНР игорячей дружбы с СССР изучение русского языка, наверно, пользовалось огромной популярностью.

ГМ: Да, конечно. Были потом и студенты, которые поехали учиться в СССР. Но я говорю о кадровом составе первых курсов Народного университета, на которых учились взрослые, более старшие люди. Среди них было много военных, ветеранов войны. И все они изучали русский язык.

Спрос на русский язык был тогдаочень большой, я был очень активен и подружился с высокопоставленными китайскими военными, которые пригласили меня и мою супругу преподавать русский язык в подразделение горюче-смазочных материалов при Главном тыловом управлении НОАК(Интервью с Мелиховым Георгием Васильевичем)

(ВГ:在新中国成立后的那些年中,中苏关系友好发展,学习俄语应该说是很时髦的事情。

ГМ:是的,这是当然的。当时有一批中国学生被派往苏联学习。我说的这些学生是就读于中国人民大学一年级的基层干部,多数是成年人,年龄略大一些。其中有很多是军人和退伍军人,这些干部都学习过俄语。

新中国时期需要大量的俄语人才,我和妻子被邀请到中国人民解放军总后勤部军需物资油料部教授俄语,所以有幸结识了中国军队的高级将领们。(В. Г. 梅里霍夫访谈录,笔者译)

最初这段时期,李莎在北京俄专的工作紧张而充实,每周课时多达24节。那时候的中苏关系非常好,斯大林去世后,苏联对中国表现得更开放、更友好,各方面的关系更密切了,来中国的苏联专家也多了,所以20世纪50年代中期迎来了俄语专业发展的高峰时代,全国的外语教学是以俄语为主,英语被排挤到比较边缘的地位,俄语教学的规模达到历史高峰。(孙芳,2020)[81]

两位俄罗斯籍的教师均提到"50年代中期"中苏关系的密切,如李英男老师谈到"那时候中苏关系非常好""苏联对中国表现得更开放、更友好,各方面的关系更密切";Мелихов 谈到"горячей дружбы с СССР(和苏联热烈的友谊)"。可见,新中国成立17年间,尤其是50年代中期,中国俄语教学拥有一个非常有利的宏观环境,即"外系统"。良好的中苏关系和热烈的中苏友谊,党中央、中央人民政府和教育部也必然给予俄语教学更加高度的重视和关怀。这一外系统为俄语教师提供了更多的职业机遇,Мелихов 谈到"подружился с высокопоставленными китайскими военными(和高级军官友好)""пригласили меня и мою супругу преподавать русский язык в подразделение горюче-смазочных материалов при Главном тыловом управлении НОАК〔(军官)邀请我和夫人在解放军总后勤部燃料润滑油分部教授俄语〕";李英男老师谈到"全国的外语教学是以俄语为主""俄语教学的规模达到历史高峰"。我们知道,李英男老师的母亲李莎当时已经由北京大学转到北京俄文专修学校工作,北京俄专50年代初更名为北京俄语学院,也就是北京外国语大学的前身。李莎的课程非常多,在大量的教学和工作中,她的职业能力得以锻炼,职业素养也不断提高,成为我国早期优秀的俄语教育家。Мелихов 当时从事俄语教学的需求也非常高,这也促使他对汉俄两种语言、两国关系和两国文化有了更深的认识,并成为苏联时期的知名汉学家。

5.3.3 中间系统下的俄语教师职业发展

在 Bronfenbrenner 界定的生态系统中,中间系统是指"由发展的人积极参与的两个或多个情景之间的相互关系"(Bronfenbrenner,1979)[25]。中间系统在教师发展中通常指教师直接参与的环境,如教师与学校、教师与同事、学生等构成的环境。宋改敏(2011)[61]从两个角度对这一问题进行了研究:① 教师积极参与的 LDC(Learning and Developing Community)环境;② 与教师直接发生关联的校长、学生、家长所形成的影响教师发展的环境。这些是教师积极参与的一个或多个情景,构成教师专业成长的学校生态环境的中间系统。

LDC 指共同体,对于共同体,学者们有多方面的研究,自杜威提出学校作为"探究共同体"(Dewey,1938,转引自 Johnson,2009)以来,韦伯(2000)、冯大鸣(2004)、赵健(2006)相继对这一概念进行了论述。总的来说,教师参与的 LDC 环境可做如下理解:在教师普遍参与的学科教研组、年级活动组、互动发展组、课题研究组以及项目招募的教研活动中,LDC 作为一个教师积极参与并对教师发展产生影响的建构的环境,容纳了各种环境及其相互关系,作为一个新的环境并列于来自教师和校长、学生、家长之间的环境,又广泛地涉及校长、学生、家长甚至学校之外课题项目的环境,对教师的专业成长产生影响。

如 5.3.1 和 5.3.2 节所述,新中国成立初期俄语教学的大系统和外系统为教师发展提供了广阔的空间和可能,而这一时期中间系统与教师的互动具有双重性,一方面是学校政策,教师与校长、教师与教师、教师与学生之间的关系:

> 启动较早的是北京大学。……新中国成立之后,著名的俄罗斯文学专家、翻译家曹靖华教授被任命为北大的俄语系主任,他想复兴和发展俄语专业,非常重视师资队伍建设。于是他找到李莎,聘请她去上课。曹靖华教授的俄语纯正,学识渊博,与高尔基等一批俄苏作家、文艺理论家保持着亲密友谊,曾被聘为列宁格勒大学的教授,在苏联的名望很高。李莎对他非常钦佩和敬仰,也很感谢曹先生的邀请和器重,所以就答应

在北大兼课。(李莎,2009,转引自孙芳,2020)

她(李莎)把教室当成自己实现人生理想的阵地和守望收获的田园,学生的每一点进步都让她无比欣慰,她不仅在课堂上尽量鼓励学生,待他们一视同仁,而且在课下主动与学生拉近距离,把他们当成朋友。她的默默耕耘和辛勤付出换来了学生们对她的无限爱戴和高度评价。(孙芳,2020)[81]

另一方面是当时开设俄语专业学校的总体情况,教材的统一度和俄语教师的共同体情况:

那时候没有全国统编的教材,我们教研室就是贺＊＊主任和老师们一起自编的教材,教材还有很多无产阶级革命为主题的词汇。(西北俄专隋老师访谈)

于是,我们在俄侨教师协助下,针对一些学习难点,如前置词、连接词、不定代词、俄语动词体的意义和用法,编写活页教材。虽然收到一定效果,但只不过是头痛医头、脚疼医脚,勉为其难(с грехом пополам)地应对工作。(华邵,2021)[1-2]

那时候没有教师协会,更没有俄语教学理事会这样国家级的教学研究协会,但是我们教研室会定期组织集体备课,集体讨论教材的编写。老师们在生活中互相帮助,遇到有课错不开的情况还会互相帮忙照看孩子。(西北俄专隋老师访谈)

由以上访谈可知,从一个层面来看,新中国成立 17 年间,教师与教师、教师与领导、教师与学生之间存在着一种良好的合作关系。教师合作指的主要是教师同事间的一种人际互动方式或关系形态,而且主要是被作为谋求教师发展和学校教育改善的一种手段或策略(饶从满 等,2007)[13]。新中国成立初期俄语教师之间人际关系和谐,教师的态度、价值观、信仰、习惯和行为方式具有统一性。教师对领导有着"钦佩"和"敬仰"之情,领导对有责任心的教师也表现出"器重",这是一种良性的合作关系。教师对学生有一种"拉近距离"、亲密相处的态度,学生对老师也"无限爱戴"和"高度评价"。因此,新中国成立初期俄语教师发展具有良好的学校环境和周边关系,这可以帮助教师形成职业热爱和良好的专业认知,促进教师发挥个人潜能以不断提高教学技能,在职业的道路上不断成长。

从另一个层面来看,新中国成立 17 年间,中国俄语教学尚没有统一的教材,制约了教学效果,自编教材有一种"头痛医头、脚痛医脚,勉为其难"的感觉,且教学组织和共同体也还不够成熟。这一时期,中国俄语教师在各学校内部组建了学科教研组、年级活动组,这些共同体可以统一教师的教学进度、教学内容,进而逐渐形成统一的教学理念。但是学校没有建成教师们的互动发展组、课题研究组以及项目招募组,更没有俄语教学理事会这样的国家级教学研究组织。因此,俄语教师们还无法通过共同体激发自己在科学研究、项目开展等方面的潜能,无法在知识学习和管理的共同体中实现社会化,无法借助群体的智慧而发展和创新。

5.3.4 微系统下的俄语教师职业发展

Bronfenbrenner 提出的微系统指的是发展着的人在特定物理和物质特征的情景中所体验到的活动、角色和人际关系的一种样式(Bronfenbrenner,1979)[22]。以教师发展为核心,Bronfenbrenner 所指的微系统具有心理学的意义,这个微系统包括个体即刻的环境、在这个即刻环境中的活动以及在这个即刻环境中人们的相互关系(Berger,2001)[5]。宋改敏(2011)从 3 个角度研究教师发展的微系统,即教师的职业认同、幸福感和教研能力。我们从 3 位老一辈俄语教师的访谈中得知,教师的幸福感和教研能力在这一时期的教师发展微系统中较为凸显,因此,我们从这两个角度采集数据:

俄语教师的幸福感:

(李莎)主动要求到一年级,给一些来自边远农村的工农兵学生上课。因为她觉得这些孩子们非常可爱,很淳朴,求知欲很强,她很喜欢这些学生,觉得跟他们在一起非常愉快。这些学生里有的后来还成为大使,比如姚培生。(孙芳,2020)[82]

俄语教师的教研能力:

在这段时间内,我还做了密切联系教学的研究工作,发表了少量论文,虽然水平有限,但由于有针对性,得到部分学生、读者和同行的肯定。与此同时,我积攒了一些读书笔记、例句卡片和为数不少的存疑的问题,

它们都有助于我以后的学术成长。(华邵，2021)[2]

从上面的访谈可以看出，李莎老师在教授学生中找到了幸福感，因为她对学生有一种由衷的"喜欢"，感觉他们"非常可爱，很淳朴，求知欲很强"，而这些学生也应该非常喜欢这位专业能力强、敬业的老师，所以她感到"非常愉快"。这一点也说明，学校是育人的场所，教学是教书育人的重要途径，如果教师乐于教学，勤于教学，得到学生的认可和喜欢，就会有很强的幸福体验。

而微系统下的俄语教师教研能力在这一时期还处于萌芽和发展期。华邵先生后来成长为新中国最著名的俄语语言学家之一，而在这一时期也只是"发表了少量论文"，为以后的学术成长"积攒了一些读书笔记、例句卡片和为数不少的存疑的问题"，系统而深入的俄语语言和教学研究还没有真正展开。其他两位老师的访谈中亦没有提到俄语教师教研活动的全面展开情况。

因此，这一时期由于国家政策的推动和学生学习兴趣的高涨等因素，俄语教师的职业幸福感和获得感较强，这也促使俄语教师更加倾力教学，热爱自身的职业，发挥自己的内在潜能，从而促进了职业的发展。但是，新中国成立初期的俄语教学还处在初创和发展期，学校把更多的精力放在课程设置、教材编写、招生培养等方面，教师自身也较少关注到教学研究，俄语教师的教学研究才开始萌芽。这种萌芽后期会成为教师个人发展的有效助力，但是在这一阶段还不能成为影响他们职业发展的重要因素。由此我们也可以认为，作为教师专业发展核心的微系统，也就是自我的发展，是和教师当时所处的环境及其相互关系不断互动的结果。微系统直接影响着教师的职业发展，对教师专业成长具有直接的影响作用。

5.4 讨　　论

本书以新中国成立初期的中苏关系和俄语教育政策为时间框架，研究了这一时期的中国俄语教师职业发展的生态环境。由于亲历这一时代的俄语教师均年事已高，我们只获得了原西北俄专（现西安外国语大学）隋老师的访谈。另外，我们还从黑龙江大学（原哈外俄专）已故华邵先生的回忆性文章和北京外国语大学（原北京俄专）李英男教授回忆母亲李莎的文章中查找了诸多关于当时俄语教师职业发展的信息。通过研究我们发现，新中国成立初期的俄语教师职业发展仍然遵循生态系统理论，存在着大系统、外系统、中间系统和微系统，各系统的性质和功能也不尽相同，在俄语教师专业成长中发挥着不同的作用。

这一时期推崇俄语教学的社会意识、信念的力量，这种意识和信念对环境中的所有人和事件产生外力推动作用，进而形成了新中国成立初期俄语教师职业发展的大系统。在这一大系统中，来自苏联的俄语教师李莎、新中国培养的华邵老师和中白混血的隋老师在追求教师专业化发展的理念下，均致力于新中国的俄语教学，他们的教师专业化也都得到了发展。

党中央、国务院和教育部颁布了一系列国家政策，良好的中苏关系，国家对俄语人才的需求形成了这一时期俄语教师发展的外系统。外系统虽然不能对教师产生直接作用，但是它会通过教师身边的人和事对教师主体产生影响，如梅里霍夫（Г. В. Мелихов）不仅在人大教授俄语，还曾被邀请教授某解放军军官学习俄语，在教学中他感受到中国各界学习俄语的热情，李莎在学生们对俄语的热爱中体会到自己工作的重要性。这些社会力量和社会认知无形中都推动了俄语教师提升职业热爱、提高职业技能，进而促进了他们的职业发展。

本章从两个方面讨论俄语教师发展的中间系统，即学校政策，教师与校长、教师与教师、教师与学生之间的关系；教材的统一度、教师共同体情况。从隋老师的访谈和李莎当时的工作环境我们发现，当时的中间环境具有两重性：一方面，教师与中间环境中的各类个体和谐共生，形成了良好的工作氛围；另一方面，由于俄语教学处于起步阶段，缺乏统一的教材，统一的互动发展组、课题研究组、项目招募组等均未形成。中间系统的这种特征对俄语教师的教学兴趣具有推动作用，但是难以促使教师成为教研统一的发展个体。

本章的微系统也谈及了两个方面：俄语教师的职业幸福感和教研能力。从两位老一辈俄语教师的访谈或回忆中我们看出，新中国成立初期的俄语教师具有较强的职业幸福感，但是他们的教研能力还处于摸索和积累阶段，缺乏产出高水平成果进而成就自我的能力。因此，这一时期俄语教师发展的微系统是一个矛盾的统一体，教师在职业幸福中不断实现自我认同，在教研活动的摸索中逐渐发展自我能力，并不断转化不利因素，积累教研经验，渐进式地实现自身的职业发展。

5.5 结　　语

1949年新中国成立,苏联成为第一个和新中国建交的国家。此后,俄语教育得到了中央的高度重视,国内先后设立了7所外文专修学校,各地综合性大学也相继开设俄语专业,中国的俄语教育得到了推广和加强。这一时期也是新中国第一代俄语教师从初入职场到走向成熟的阶段,因此,探讨该时期的教师职业发展环境具有重要意义。

本章以生态系统理论为基础,以4位老一辈俄语教师的访谈、回忆文章和口述史为语料,探索了这一群体在新中国成立初期职业发展的大系统、外系统、中间系统和微系统。研究表明,这一时期,俄语教学受到社会各界的极大推崇和关注,教师发展得到了宏观层面的支持,国家政策、中苏关系等也为俄语教师提供了有利的发展环境。而俄语教师发展的学校和身边环境则具有双重性,当时的教师与学校、领导、同事、学生均处于良性的互动环境之中,但是俄语教师共同体尚未形成,教材体系等有待统一,前者促进了教师职业幸福感的形成,而后者也导致了教师教研能力不够成熟的状况。

一方面,这一时期俄语教师发展的生态环境的各层面表现出不同的特征;另一方面,大系统、外系统、中间系统和微系统又形成一个有机的整体,俄语教师在与之顺应中寻求成长的空间,在与之共生中激发自身的潜能,并进而实现了职业生涯向前发展。

第六章

中国俄语教育复杂期的俄语教师发展环境研究

6.1 引　言

教师情感对于教师职业发展和学生学习效果具有深刻的影响,它还紧密关联着教师认知和学习(Hargreaves 2000；Day et al.，2009)。因此,教师情感是教师职业发展的重要因素,国内外相关研究成果较多(Sutton et al.，2003；尹弘飚,2008；孙俊才 等,2007),但国内外语界起步较晚(胡亚琳 等,2014；古海波,2016；古海波 等,2019；古海波 等,2022),亟须从已有研究中汲取营养。当前教师发展环境研究逐渐从技术主义走向人本主义(Sage et al.，2012),强调把教师看作兼具情感与理智的全人,教师情感研究也被纳入了人本主义的视角,即从教师与环境的交互关系来研究教师的情感问题,具体为基于社会文化理论和生态系统理论研究教师的正面和负面的多种情感体验及其对于自身职业发展的作用。

6.2 外语教师情感研究

6.2.1 教师情感的核心概念

教师情感的核心概念来源于心理学、社会学等领域对情感(emotion)的界定。从心理学角度看,情感是包括了人的感情状态、情绪、心境、效价体验等内容的泛指概念(Boekaerts,2007);它是个人的内部体验和心理历程,并可能伴随一定的身体运动表征(尹弘飚,2007;林成堂,2011);它是人的整体精神面貌的映射(朱小蔓,2005)[4]。根据 Ekman 等的观点,目前公认的 7 种情感类别是:快乐、悲哀、惊喜、恐惧、愤怒、厌恶和轻蔑(转引自 Vaughn,2010)。一些学者对情感的构成维度进行了拆分,如 Vaughn(2010)将情感分为生理激励、主观评价和行为表现。教育心理学维度中的情感涉及生理反应、认知评价与行为倾向 3 个方面。而社会心理学视角下的情感是一个复杂的过程,涵盖了评价、主观体验、生理变化、感情表达和行为趋向五大要素(Lazarus,转引自 Sutton,2007)。

与情感相近的概念有感受、心情、情绪等,准确地理解情感的概念还需要注意与这些表述的区别。Damasio(1995)认为,情感(emotion)倾向于表示个体的身体状态在面对某一正面或负面情境时发生的变化,感受(feelings)则强调对这些变化的感知和主观体验。心情(mood)则是一种强度弱、持续性较长、可能欠缺明显的客体指向的情感因素(尹弘飚,2007)[45]。与情绪相比,"情感"更凸显其社会性,强调人的情感是在社会关系形成进程中发展起来的(朱小蔓,2005)[37]一种社会建构(social construction)(Waldron,2012)[10]和社会需要(吴珂,2012)。

再来看教育的情感世界。Palmer(1998)认为教师的心灵内部图景由智能、情感和精神 3 个相互依存的部分组成。其中,教师和学生在教学中的感觉形成情感,并对师生之间的交流产生促进或阻碍作用。此外,教师情感还与智能(认知)、精神(意动)动态交织,因此,我们应在复杂的动态过程中把握教师情感。

基于上述研究,教师情感可视为教师职场生活的主观体验与表现,体现为教师的心理历程和涉及的外在表征的统一(Zembylas,2003),是一种概念化状态和动态过程的结合(Hargreaves,1998;Cross et al.,2012);同时,教师情感具有社会化的特征,它是文化、社会、政治关系的产物(Zembylas,2005)[4]。这一定义中的教师情感不仅是人的内在体验,而且是心理与具身相结合、状态与过程相统一,且具有文化、社会和政治属性的立体而多元的概念。教学是承载着情感的实践,而且情感位于教学的核心(Hargreaves,1998)[835]。教师作为教学工作的实践者,他们在职场中的情感体验与情感实践关系到教育质量的提升、教学改革的推进、自身职业发展等诸多方面(Kelchtermans,2005),因此教师情感是教师职业发展中的重要议题。

6.2.2 外语教师情感体验

外语教师的教学、改革与教师教育等环境因素同样会影响他们的情感体验。教学活动具有人际互动的性质,其中存在情感维度(Nias,1996),教学活动甚至就是一种情感实践(Zembylas,2005)。如 Hagenauer 等(2014)以 2 所澳大利亚公立大学 15 位大学教师的两次访谈为数据来源,研究了他们通过教学活动而产生的与学生互动的情感,探讨了具体教学情境中的积极和消极情绪。Cowie(2011)以 9 位日本高校英语教师的访谈为数据来源,探讨了他们对学生、同事和工作所持的情感,发现英语教师对同事和组织的情感态度以消极为主,而对学生的情感则更多表现出积极与温暖。

改革环境中的教师情感是该领域研究的重要话题,因为教学改革往往会导致教师的认知与改革目标的冲突,从而使得教师产生强烈的情感变化。Van Veen 等(2006)以一位中学法语男教师的访谈为数据来源,研究了他与改革方式相关的热情、焦虑、愤怒、罪恶感和羞耻感等情感,并探讨了这些情感对于其自身教学实践和身份认同的影响。外语教师的学习经历会对其情感产生影响,Marquardt(2011)以叙事方法对 5 位有过海外学习经历的职前英语教师进行了研究,发现叙事方法可为教学中的情感工作提供准备,教师和教师教育者应管理好情感关系,而非刻意排除情感。由此,外语教师情感是外语教师职业发展研究的重要方面,学校的情感支持和智力支持对于外语教师同等重要(Liu et al.,2011)。

外语教师的情感可以有多种表现,其中职业倦怠(burnout)是研究较多的情感之一。教师是高强度高压力的职业,时常产生职业倦怠。程晓堂(2006)以国内 290 位中学英语教师的问卷调查为数据来源,研究了该群体的职业倦怠问题。研究发现,职业倦怠与性别和教学成就关系较为密切,而年龄和教龄对职业倦怠的影响较小。唐丽玲等(2013)以 118 位国内西部高校外语教师为对象,综合使用问卷、访谈和课堂观察等方法研究了他们的职业倦怠问题,发现由于科研压力等,他们表现出较为严重的情感衰竭。张庆宗(2011)以国内某综合性高校5位英语教师为对象,通过访谈法发现他们由于教学、科研、学生和市场需求之间的种种矛盾而表现出职业倦怠。古海波等(2021)基于生态系统理论,以半结构化访谈和文本资料分析了我国东部某省某市某初中3位英语教师职业倦怠的具体表现、影响因素和改善措施。研究发现,3位英语教师的职业倦怠表现为情绪衰竭、成就感降低和去人格化三方面;多种因素影响了英语教师的职业倦怠;情感调节、均衡工作量、获取外部支持是减少职业倦怠的可能途径。

6.2.3 外语教师情感形成及影响因素

影响外语教师情感形成的实证研究较少,代表性的如:Van Veen等(2009)以案例方法研究了一位荷兰语教师的情感,认为教师的自我身份和改革情境的互动进而产生了教师情感,情境和评估等要求直接促使了情感的形成。Chang(2013)以网络问卷调查492位美国中西部中学教师的情感事件、评价和职业倦怠的关系,研究发现,教师问题的解决效能感低下与评价目标的不一致性给教师带来了消极情感,并进而导致了教师的职业倦怠感。Xu(2013)通过访谈研究了3位高中新手英语教师与学生、同事、家长以及行政管理人员交往中的情感体验,发现社会等级形成的政治制度奠定了教师与他人互动的情感规则;同事交往和学生情感也是影响教师情感的因素。Atoofi(2013)以2位美国的波斯语教师和17名学生对话的音频和视频录像为分析对象,研究了学生和教师形成的情感同盟(affective alignment),发现学生积极参与了教师情感实践的协商。Gao(2008)分析了网上教师论坛的数据,发现中国英语教师的脆弱感是由其所处的深层文化赋予的教师权威和压力、监管共存导致的。Zembylas等(2014)以访谈、案例素材和参与式观察等3种方式对塞浦路斯一位中学教师的探索性案例进行了分析,研究发现,个体的教师情感与他们所处的宏观的历史、政治和社会话语及权力关系相关。Lasky(2005)以混合式方法进行了问卷调查和质性访谈,研究对象为中学教师,并认为教师脆弱感源自教师早期经历对身份认同的影响以及当下的教育改革等。Van Veen等(2006)采用质性方法对6位荷兰中学教师进行了访谈,发现教师对职业目标与所面对的改革情境要求之间关系的评价是教师情感产生的重要原因。Darby(2008)通过质性研究(访谈和档案材料)发现,当教育情境挑战教师的职业自我认知时,教师会形成害怕和生气的情感。教师职业阶段对情感也会产生影响,Hargreaves(2005)以开放式问卷研究了教学改革中的不同学科、不同教龄、教授不同年级的50位中小学教师的情感经历,发现教师年龄和事业所处阶段会影响教师的情感。

根据上述分析我们发现,学者们对于教师情感已有了多层面的研究,但是还存在以下可拓展空间:一是非通用语教师群体的情感问题研究较少;二是教师所从事专业在某一时期明显处于不利的宏观环境中的情感问题缺乏关注。据此,本章研究以下问题:

(1) 中苏关系复杂期的中国俄语教师表现出怎样的情感特征?
(2) 这一时期中国俄语教师的情感特征可能有哪些形成因素?

6.3 研究方法

6.3.1 研究设计

本章研究的4位教师来自中国的3所高校,分别位于哈尔滨、西安(中苏关系复杂期在西安工作,后调往南方某高校)和武汉,学校类型涵盖了外国语大学和综合性大学。研究将在3所学校的俄语系、教研室(或俄语学院)进行。中国的外国语大学和黑龙江大学俄语教师均形成独立的处级行政机构,下设多个教研室或系科等,学院一般由15~30名教学人员组成;而综合性或理工类高校的俄语系或教研室为学院的下设机构,由3~10位教师组成,其课程设置、教学质量评估等均受制于学院。不同院校及不同的俄语系或学院的设置构成了教师情感形成的重要环节,促进或制约着俄语教师积极或消极情感的形成。

6.3.2 数据搜集

为了搜集中苏关系复杂期俄语教师情感的数据,我们采用了叙事问卷的方法。

我国高校英语教师职业发展的环境结构以及教师成长和环境之间的多种关联具有深厚的人文属性,这一属性和对教师经验的关注,使叙事(Clandinin, 2007; Clandinin et al., 2000)成为重要方法之一。大量外语教师与环境关联的叙事研究成果(Barkhuizen, 2009; Barkhuizen et al., 2008; Liu et al., 2011；Tsui, 2007；Xu et al., 2009)表明,叙事是呈现和理解教师经验的有效方式(Barkhuizen, 2011；顾佩娅 等, 2016)。基于以上认知,我们设计了一套涵盖中苏关系复杂期高校俄语教师工作和生活环境及其职业情感的叙事问卷,旨在鼓励教师反思职业发展环境,分享感知和情感。

6.3.3 参与者

本章采用目的抽样方法选取受试者。根据6.3.1节所述,我们将以来自国内3个地区高校的俄语教师叙事问卷作为主要的数据来源。此外,访谈对象的选取还遵循以下原则:第一,他们在中苏关系复杂期至少具有5年的俄语专业教学经验,为熟手型教师;第二,他们教授过俄语专业的核心课程,即基础俄语或高级俄语;第三,他们中间有1~2位后期担任过行政职务,因为有行政经验的教师在解释和执行语言政策和教育方案方面发挥着关键作用(Johnson et al., 2015；Cheng et al., 2019)。根据这些原则,我们选定了A、B、C 3位俄语教师进行叙事问卷,他们均于20世纪80年代参加工作,从事过多轮综合俄语的教学,且A担任过某综合性大学俄语系主任、外国语学院副院长,教授过高级俄语的课程,3位教师在中苏关系复杂期分属于不同的年龄段,自身性格形成的微系统有所不同。3位教师的具体情况如表6-1所示。

表6-1 教师参与者基本信息一览表

教师	地区/学校类型	中苏关系复杂期所处年龄段	性别	是否担任过行政职务
A	南方/综合性大学	30岁以下	男	是
B	西北/外国语大学	30~40岁	男	否
C	东北/综合性大学	40岁以上	女	否

6.4 中苏关系复杂期俄语教师情感体验分析

本章采用核心类属分类法进行数据分析和提取,这组高校俄语教师在中苏关系复杂期的俄语教学中都体验到了正向、负向和混合情感。从编码频率统计来看,教师感受最多的是正向情感(3位参与者都有提及,总提及次数为31),其次是负向情感,主要是讲述当时的困境和不安等。再次是混合情感,主要指向"痛并快乐着"的情感。下文结合教师情感案例,具体分析教师们的各类情感体验。

6.4.1 正向情感

6.4.1.1 成就感

作为一种积极的情感,这一时期俄语教师的成就感来源于方方面面的事实,包括校外兼职,不仅仅是因为这份兼职使得教师获得了社会的认同、尊重和收入的满足感,更重要的是补贴了当时较为艰苦的生活,可以有更多的精力投入教学中。另一种满足感来源于教学任务的顺利完成和培养学生的学术成就,这种满足感其实也是一种成就感。这种成就感反之又对俄语教师的教学和职业生涯起到积极的促进作用,使得大批俄语教师在中苏关系复杂期,国内俄语专业降温的情况下仍然能够坚守岗位,并且寻求自身发展,后期成为各高校的骨干力量。具体语句如下:

1991年我在校外找到了兼职,这份工作使我获得了自豪感。(B)

1988年我在校外找到了兼职,这份工作使我获得了社会的认同、尊重和收入的满足感。(C)

那时候我们只知道把课上好,不知道要做科研,上面也没有科研上的要求,由于年轻,也没有长久的规划,上面要求做什么我们就做什么,只要把教学任务完成就觉得很满足了。(A)

我从来没有想过要换掉俄语专业,教师这个职业给我带来满足感,我培养了56名硕士,13名博士,4名博士后。我教过的学生中现在在一些名校当领头人,因此,每当想起这些,我感到很知足。(A)

6.4.1.2 喜悦感

喜悦是一种愉悦的情感,通过叙事问卷调查我们发现,这一时期中国俄语教师的喜悦感首先来源于冰封已久的中苏关系迎来转机,并获得了职业发展的机会,如:最难忘的是1988年得知将去苏联进修一年,喜悦之情难以言表,这在过去是不敢想象的。(B)

其次,喜悦来源于教师当时的积极心态,并对自己行为的调适,来源于对教师职业的喜爱和生活环境的造就,如:分配学俄语后,我丝毫没有抗拒过,相反,我还很高兴。原因有:一是物以稀为贵;二是服从国家安排;三是我老家在农村,能出来读书就很不错了;四是没有转专业的机制。(A)

我一直喜欢当教师,而且是当外语教师,喜欢稳定的职业。我最初考大

学就是为了当老师,哪怕是当个民办教师都行。(A)

6.4.1.3 职业生涯的转机

我们知道,教师这一职业不受学校重视,缺乏进一步深造机会的时候,教师往往会陷入较为负面的情绪中。A、B、C 3位教师都谈到20世纪80年代后期俄语教师的发展机遇,面对机遇时,他们看到了转机,看到了希望,从而形成了积极、正面的情感:

感受最深的是1986年苏联专家来校工作,意味着中苏关系解冻,国内俄语人终于看到了未来的发展机遇。(B)

6.4.1.4 感恩

3位教师均谈到了自己在这一时期进修和深造的经历,并认为这段经历对于自己的职业生涯,甚至人生道理的形成具有非常重要的作用。在学习和深造过程中,他们不仅提升了自己的学术能力,更是铸就了自己的人格修养,那就是对前辈教师和母校的感恩之情。这种情感对于教师提升教学技能,坚守俄语教学这个较为冷清的岗位具有精神上的促进作用:

我于1981年考取俄语硕士,是某大学建校以来第一个俄语研究生,有两位教授担任我的导师,分别负责理论与实践指导,曾先后得到12位教授和副教授的一对一授课与鼎力帮助,我永远感恩他们!难忘读研日,最惜母校情!(B)

6.4.1.5 坚守

教学、家庭以及宏观的社会文化环境对我的职业发展产生了重要的影响,坚定了我终生从事俄语教学与科研的信念,所以至今一直仍在坚守。(B)

6.4.2 负向情感

6.4.2.1 困难

3位教师都谈到了中苏关系复杂期遇到的困难。由叙事问卷的答案可知,教师们的困难主要与物质条件差、工作待遇低和职业提升难有关。首先,大家几乎都认为工资低(A)。另外,C还特别谈到了由于学校方面缺乏促进措施,俄语教师面临着职业发展空间小、科研时间少等困难。其他困难也体现在教师的个人学习过程中,如职称晋升慢、没有出国机会等。(A)

我觉得在这一段时期坚守在俄语教学岗位上最困难之处在于物质待遇差别较大,这是因为教师的工资待遇较低。如果能够出国学习,专业水平提升和个人收入都有保障的话,我觉得我的职业生涯会有进步。(B)

由于20世纪80年代初俄语教学还是很封闭的,各个学校之间基本没有交流,教师的教育教学法理论知识缺失,我们也感到俄语教学以及随之而来的自身发展困难重重。(C)

学校对俄语教师没有促进措施,比如学历或职称提升。对于学校(系)的这些做法,我感到难过,因为工作量太大,没有时间学习,我认为这两方面是最重要的。(C)

我觉得在这一段时期坚守在俄语教学岗位上最困难的是收入少、职称晋升慢,年轻教师没有出国机会,这是由当时国家的经济状况和中苏关系造成的;教师出国进修名额有限,每年俄语系只有1~2名。如果本科考取其他专业,如经济类等,我觉得我的职业生涯会有进步。(C)

说实话,困难是有的,当时最大的困难是工资低,生活条件差,但办法总比困难多,一个人只要能吃苦,持之以恒,就能有好的结果。(A)

俄语教师在中苏关系复杂期感受到的这种难度大背后有着深层次的原因。一方面,当时的国家整体经济状况不太稳定,国家处于改革开放初期,百废待兴,不仅俄语教师待遇低,其他语种,甚至所有的高校教师都存在这个问题,而俄语教师在学校并非受重视的群体,(C提到"如果本科考取其他专业,如经济类等,职业生涯会有所改善"),他们的收入状况就更加不乐观;另一方面,中苏关系尚未正式破冰,很多学校还没有聘请外教的条件,教师出国的机会也是少之又少。此外,当时的中国高校教师基本上还停留在完成教学工作量的层面,对于科研和学历提升的需求还不是很迫切,这也形成了俄语教师发展状况的一个大环境。这些因素都导致俄语教师自身发展的困难。

6.4.2.2 不安

C在叙述中表露出了另一种负面情感——不安。这是由于她身边的老师和同学纷纷放弃学业下海挣钱,她对自己职业的安定感缺失,而当她自己在校外兼职时又感到职业发展的精力不够,处于经济和学术的矛盾中,所以常感到不安。

不少大学俄语教师跳槽、下海,研究生同学几乎都放弃了学业。他们去经商,挣大钱,这些对我也有影响。我利用课余时间到外贸公司去当翻译。时间一点一点过去,但我总感到不安。(C)

6.4.3 混合情感

三位俄语教师中仅有C表现出混合情感,即"痛并快乐着"。这种情感的产生也是和当时国内俄语专业发展总体环境紧密相关的。一方面,受到前辈教师的鼓舞,俄语教师热爱自己的专业,这是一种正面情感;另一方面,当时中苏关系尚未破冰,国家对于这类人才的需求较少,俄语教师的发展机会较少,这就不可避免地形成了教师的负面情感,他们"喜忧参半""痛并快乐着"。

那时候对于俄语专业未来的发展,我感到迷茫、伤心、纠结、痛并快乐着。(C)

有一些教学、科研经验丰富的教授,带给我积极的影响,所以青年教师可以向他们求教、学习。但是,青年教师出去参加教学科研研讨会的机会较少。因此,我们当时的发展环境可谓喜忧参半。(C)

6.5 讨 论

从 6.4 节的数据分析可以看出,中苏关系复杂期的俄语教师情感与他们所处的环境密切相关。具体而言,我们可以从生态系统理论的 4 个层次对这些因素进行分析。生态系统理论将人所处的环境分为微系统、中间系统、外系统和大系统,4 个系统呈现嵌套式的结构,其中"微系统"是与行为者关系最为紧密的部分。根据这一理论,人与环境的关系是多层次、互动式的。

从 3 位教师对中苏关系复杂期的叙事描写中可以发现,微系统、中间系统、外系统和大系统与俄语教师的情感、信念产生了交互作用。

6.5.1 微系统与教师情感/信念的交互

微系统是教师生活的最近环境,教师可以通过微系统直接体验各类活动、角色和人际关系。它对教师的选择产生直接的影响,并进而和情感产生交互作用。故事分析表明,教师的科研信念和目标与微系统的交互作用产生了较多的科研情感,3 位教师均有故事支持这方面的研究发现。

6.5.1.1 与老师交往:感恩与信念

教师与他们读书求学时的研究生导师和前辈教师间的交往经常带来正向情感,如感恩与奉献精神等。这主要源于教师们的间接影响和导师的实际支持。3 位教师中的 B 和 C 谈到了导师或前辈教师对自己情感和信念养成的影响。其中 B 的叙述见 6.4.1 节的"感恩"。C 也叙述了自己和老师的故事:

俄语教研室老教师们对我教学水平提升帮助很大,他们教会了我如何授

课,如何做人(当时只有我一位是年轻教师),他们的博学、善良、对待工作兢兢业业、热爱学生、吃苦精神等对我影响很大。(C)

B谈到自己作为学校的第一名硕士研究生,得到多位前辈俄语教师的指导和帮助,永远感恩。C则多得益于同教研室老教师的支持,这种支持不仅是教学上的,更是人生的指导,他们的博学、善良和吃苦精神对C教师的影响很大。事实上,新中国几代俄语教师一直靠着这种勇于奉献、吃苦耐劳的精神坚守和传承,使得俄语教育事业在面临诸多困难的情况下仍能不断发展。

6.5.1.2 与家庭互动:支持与坚守

教师情感的形成往往和他们出生时的家庭环境密切相关。俄语教师的家庭环境往往给予了他们莫大的物质或精神上的支持。A和C的叙述中均有这方面的故事:

那时候我的家庭给予我很大的支持,这种支持让我产生了敬畏的情感,对于我坚守这一职业具有巨大的作用。(C)

我非常热爱自己的教师职业,从小就学习了俄语(家里),对这个专业产生了浓厚的兴趣。大学毕业后我自己选择了俄语教师职业,也爱上了这个职业。这是受家里老父亲影响,他是我国较早的俄语教师,他的一言一行深深地影响了我。(C)

A谈到原生家庭是农村的,能够读大学很满足,家庭也给予了很大的支持。可见,家庭环境对于俄语教师的情感具有重要的影响,尤其是面对经济条件较差、出国深造机会较少等问题时,家庭的支持是俄语教师坚守职业、等待国家政策利好、进一步发展职业生涯的重要支撑。

6.5.2 中间系统与学校硬件和政策

对俄语教师情感故事的分析发现,中间系统是仅次于微观环境,激发教师情感形成的第二大场域,3位教师的叙述中均有涉及。研究发现,中间系统中的情感激发因素主要包括学校硬件、教学管理与要求及学科地位。下面结合具体事例探讨这些情感的形成过程。

6.5.2.1 学校硬件:鼓舞或低迷

科研硬件主要包括图书以及音像资料,这是教师做好教学和科研的前提条件。在本章中,从教师的讲述来看,各学校俄语系的硬件设施差别较大,如C教师提到自己单位里的音频、视频资料"丰富",书籍、期刊和词典等参考资料、打印机等较为齐全,而B教师所在学校的硬件则较为缺乏。

学校的电化教研室为俄语教师准备了丰富的材料,包括当时苏联时期的带音频的教材、视频资料等。在当时的经济状况下,语音设备还是比较完善的。俄语系资料室进口了大量原版书籍,订阅了大量俄罗斯语言学期刊,为教师的教学和科研提供了宝贵资料。另外,为每一位教师配备了多本俄语词典及参考资料。俄语系为一线教师每人提供一台打字机。所有这些都是对教学科研的极大支撑,鼓励我们认真教学、做好科研。(C)

当时没有先进的语音硬件设备,只有笨拙的大块头录音机,使用极为不便,只能靠人工辅助予以补充。(B)

由两位教师的叙述可知,中苏关系复杂期不同高校的俄语系教学设施和科研资料准备情况差异较大。硬件设施的完善为教师提供了便利的教学和科研条件,随之而来的是教师情绪的鼓舞;反之,硬件设施的缺乏则给教学和科研带来不便,使教师产生失望或低迷的情绪。

6.5.2.2 学校政策:难过与无奈

学校政策包括学历提升和职称晋升机制,学校对于俄语教师的扶持或倾斜措施等。从3位教师的叙述可以看出,中苏关系复杂期的高校对于俄语教师职业发展,特别是科研方面的促进措施相对缺乏,与此相关的情绪也以负面为主。

学校对俄语教师没有促进措施,比如学历或职称提升。对于学校(系)的这些做法,我感到难过,因为工作量太大,没有时间学习,我认为这两方面是最重要的。(C)

当时我在我们学校是副教授职称。学校对我这个职称级别的教师的要求是每年800课时左右,这让我感到有点多,从而导致科研时间减少。(B)

B和C均谈到当时学校或院系给安排的教学课时量很大,进而导致科研时间减少。学校不重视教师的科研,使得教师的学历提升和职称晋升通道狭窄。由于学校这一中间系统是微系统和大系统的纽带,学校的政策也会对教师情感产生直接的影响。因此,这一时期与学校政策相关的俄语教师情绪也表现为难过或无奈。

6.5.3 外系统与中苏关系的影响

外系统指中苏关系复杂期这一较长的历史时期,以及这一时期内发生的与俄语教学不直接相关的国际国内大事,包括中苏关系的演变、经济形势等。从3位教师的叙述可以看出,中苏关系复杂期的俄语教学经历了由冷到热的过程,与之相关的教师情感也表现为混合情感,喜忧参半。

中苏关系:坚守或影响

那个年代中苏关系还没有正常化,我就认定了学好俄语、坚守专业总有一天会用上,如果中苏关系正常化的话,我们可以从事贸易工作,如果不好的话,可以从事情报搜集和翻译工作。(A)

20世纪80年代中期,我国与苏联关系发生了巨大变化,两国的经贸交往更加频繁,开始需要大量的俄语人才。某省作为当时的前哨,不少大学俄语教师跳槽、下海。他们去经商,挣大钱。这些对我也有影响。(C)

我经历了俄语由冷到热,下定决心考研的发展过程。(B)

从3位教师的叙述可以看出,这一时期的中苏关系和教师的职业发展紧密相关,进而也影响到了教师的情感。A进入俄语专业是在中苏关系正常化之前,虽然当时俄语专业遇冷,但是他坚定信心,选择坚守,等待职业春天的到来。B和C则讲述了中苏关系正常化初期,俄语由冷转热教师面临经商或学历提升等多重选择时或深造或经商的情感历程。

6.5.4　大系统与外语政策的改善

本章的大系统指中苏关系复杂期的外语教材、课堂、教师等政策。通过3位教师的讲述,我们发现,这一时期对教师们影响较大的事件有:外教来华、赴苏留学、一些学校设立俄语专业硕士点,这些政策和事件给俄语教师的情感带来了正面的影响。

外语政策:喜悦与机遇

最难忘的是1988年得知将去苏联进修一年,喜悦之情难以言表,这在过去是不敢想象的。(B)

感受最深的是1986年苏联专家来校工作,意味着俄中关系解冻,国内俄语人终于看到了未来的发展机遇。(B)

我于1981年考取俄语硕士,是某外国语大学建校以来第一个俄语研究生。(B)

B的叙述为我们构建了20世纪80年代与俄语专业相关的国家政策,也展示了3个重要的时间节点:某外国语大学设立俄语专业硕士点,中苏关系解冻后首批苏联专家来华和首批留学生赴苏留学。随着俄语专业相关政策的利好,俄语教师也看到了自身发展的机遇,他们表现出了强烈的喜悦之情。

6.6 结　　语

　　本章以教师情感为研究对象,以3位经历过中苏关系复杂期的俄语教师的叙事问卷为数据来源,分析了这一时期教师的情感体验。研究发现,虽然当时俄语教师的物质条件、职业发展条件相比当今有一定差距,但是3位教师均选择坚守俄语教师岗位,并通过自己的努力实现了学历提升和职称晋升,从而表现出更多的正向情感。总体来看,3位教师的叙述围绕生态环境系统的四个层面展开,教师在与家庭、前辈、导师关系构建的微系统中表现出正向情感;中间系统是学校、院系与教师的互动,在这一关系中俄语教师的情感表现出或正向或负向的情感;外系统涉及这一时期的中苏关系,教师面对中苏关系正常化和多重选择,也表现出或喜或忧;大系统指这一时期的各项教育政策,3位教师的讲述集中在中苏关系正常化的几年中,中苏关系的变化带来了俄语教育的春天,俄语教师也迎来了自身发展的机遇,自然表现出更多的正向情感。

　　本章对于特定历史时期中的教师情感研究具有一定的启示意义。

第七章

社会文化理论视角下新入职俄语教师的职业适应研究[①]

7.1 引　言

"一带一路"倡议的提出促进中国俄语教学第二个高潮的到来。"一带一路"涉及包括中国在内的65个国家,实际使用57种官方语言和通用语言。据不完全统计,以俄语为官方或可沟通语言的超过17个国家。截至2021年底,中国开设俄语专业的院校153所(以参加全国俄语专业四级考试的学校数量为依据),在校学生约2万人,专职俄语教师近1 600人。

在此背景下,中国的俄语教师队伍迅速扩大,俄语专业教师队伍总体表现出学历高、责任心强、国际化程度高等优势(黄东晶,2018)[81]。由于需求量增加,每年都有大量的新教师加入。这批教师站在自己职业生涯的起点,面临着教师职业的适应问题。本章拟以新入职的海归博士和国内毕业博士为研究对象,以社会文化理论中的过往情感经历和最近发展区为支撑,采用观察和访谈等数据搜集方法,对这一人群的职业适应问题进行研究。

[①] 本章主要内容曾在《外语教学》2021年第六期发表,感谢审稿专家和编辑部提出的修改意见。

7.2 职业适应

职业适应是一种社会适应,指根据积极的职业价值观所形成和维持的职业心态、职业能力、职业关系,并与职业劳动及其环境之间的和谐状态,也是个人与某一特定的职业环境进行互动、调整以达到和谐的过程。教师的职业适应多以新教师为主。Farrell(2012)认为新教师的年限为3年,因为这一阶段教师的职业正值起步,还在接受教师教育,考取教师资格证书,教学也从懵懂到渐趋成熟,更重要的是,国内部分高校有3年"非升即走"的政策,即3年内新教师或者顺利晋升为副教授,或者被学校解聘。

国内外对于新教师的定义、特性和发展阶段已有较多研究(Farrell,2003,2012;Xu,2013;Johnson,1996;Veenman,1984;Faez,2011;Kanno et al.,2011;Oppenheimer et al.,2014;Kumazawa,2013;Valickis,2014;Ngang,2013;侯英凡,2016;Maynard et al.,1995)。高校新教师的职业适应是其通过与学校这一特定工作场域的互相作用而达到均衡协调发展的状态,是新教师如何将已有的知识与技能运用到教学与科研工作、如何处理与他人的人际关系、如何形成良好的心理素质等,以逐步了解和适应融入学校文化的过程。

国外的教师职业适应研究集中于中小学教师领域。国内学界开展了高校新教师的职业适应研究,主要涉及新教师业务适应、角色适应、人际关系适应、职业心理适应和职业环境适应等问题。

外语新教师的职业适应可能面对不同于其他专业教师的问题。目前中国外语新教师的研究主要关注英语教师(秦丽莉 等,2019;徐浩,2014),俄语教师的研究较少(闵佳围,2017;袭静,2017)。

因此,新手俄语教师的职业适应问题有待研究,尤其是他们的受教育背景对其职业适应的影响、他们在职业适应中得到的支持等问题值得细致研究。

7.3 社会文化理论

本书第三章对社会文化理论(SCT)进行了阐述和梳理,SCT源于Vygotsky及其团队的文化历史心理学(cultural-historical psychology 或

cultural-historical theory，文化历史理论），其核心观点包括调节理论（mediation，或称中介理论）、最近发展区理论（zone of proximal development，ZPD）和内化理论（internalization）（Lantolf et al.，2006），而 ZPD 在应用中又常与支架理论（scaffolding）（Wood et al.，1976）相关联。本章将以其中的最近发展区（ZPD）和社会文化理论的核心观点——过往情感经历（переживание，音译转写：perezhivanie）为基础，分析两位新入职俄语教师的职业适应过程。

个体独立完成任务的实际水平和在能力较强者指导下的潜在发展水平之间的区域即为最近发展区（ZPD）（Vygotsky et al.，1978），个体在实现潜在发展水平过程中需要来自他人及其他中介的帮助，这种帮助就是"支架"。ZPD 和支架搭建了目前发展状态和潜在发展状态之间的动态发展路径，能够用来观察和理解中介方式如何被借用（appropriate）和内化。在教师发展的研究中，ZPD 和支架意味着教师与他人互动，通过他人支架来促进最近发展区向前推移（Pavlenko et al.，2000）。本书的 ZPD 关注研究对象入职之初的困境与调节，寻求不同支架而发展潜在水平以及最终实现自我调控和外部环境内化的过程。

另外，社会文化理论认为，在参与社会活动的过程中人类的认知得以发展和塑造，且人类的思维发生了内化，即从心理维度间（interpsychological）层面逐渐转化到心理维度内（intrapsychological）层面，学习者的认知发展依赖于在最近发展区内接受调节（mediation）的质量（Vygotsky et al.，1978）。而这种认知过程中个体和环境的统一就是过往情感经历，也就是说，过往情感经历内化后促进了最近发展区的形成。

过往情感经历（perezhivanie），是个体和环境的统一，通过个体对环境的主观解读而实现。个体对之前经历的解读会影响到当前的经历（Golombek et al.，2014）。Vygotsky 等（1978）提出透过情感可以分析人类思维发展，并提出过往情感经历的概念，这一概念可用来分析认知发展过程中情感的衍生能力（generative capacity）（Vygotsky，1994）。因此我们可以将过往情感经历用于教师发展的情感透过研究，认为通过新手教师情感可分析其思维发展和职业发展。

7.4 研究设计

7.4.1 研究背景

近年来,中国高校对新入职教师的学历有严格要求,根据笔者对中国俄语新教师的调研,他们中绝大多数具有博士学位。根据学缘结构的不同,他们又分为留学俄语国家归国博士(主要学缘地为俄罗斯和白俄罗斯,少量毕业于中亚国家)和国内毕业博士两大类。由于俄语国家的副博士入学没有名额限制,毕业论文相对容易完成等,每年的俄语区归国博士在这一人群中占有很大比例,而根据笔者多年来接受应聘教师简历的经验及国内同行的普遍共识,俄语专业教师的现状是:新入职俄语教师中归国博士的数量高于本土博士。

在新任教师的年资确定上,本章基于教学年资取向模式(Farrell,2012)对研究对象进行选取。该模式认为,新任教师会经历1~2年的求生存(survival)时期,第三年进入巩固时期(consolidation)。具体将研究以下问题:

(1) 新手俄语教师入职之初面临哪些困境?
(2) 哪些力量支持了新手俄语教师的发展?
(3) 新手俄语教师的职业适应过程一般经历哪些阶段?

7.4.2 研究对象

本章以两位年轻的博士毕业生为研究对象,他们在新入职的三年发展道路上表现出各自的特点。根据最大差异抽样和方便抽样结合的原则,本章选取一位工作在西北某高校的博士和南方某高校的博士为对象,两位博士的受教育背景完全不同,职业适应状况也相差很大;笔者亲历了两位博士由入职到适应的过程,方便数据获取和研究。我们将描述各自的发展轨迹,探讨他们职业适应过程中的异同,并从社会文化理论视角思考其原因。

对象1:李老师,在俄罗斯沃罗涅日国立大学修完了本科、硕士、副博士的全部课程,通过了副博士论文答辩,获得了语文学学位,2016年进入西北某"211工程"高校,从事专业俄语教学,本章搜集他入职之初的3年,即2016—2019年的数据。李老师在俄罗斯11年,全面学习了俄语语音、语法、词汇等课程,具有相当扎实的语言基础和十分出色的俄语表达能力。他还从理论上学习了俄语作为外语的教学方法,但入职前未进行过教学实践。

对象 2:聂老师,在国内某"985 工程"高校读完本硕博课程,专业方向为翻译学,通过了国内的博士论文答辩,获得文学博士学位。聂老师在校学习期间并未接触过俄语教学法理论,但硕士毕业后曾在中部某二本高校从事公共俄语教学 3 年,后攻读博士。2016 年博士毕业后到南方某一本院校从事专业俄语教学,同样,本章所搜集数据为聂老师入职后 3 年。

7.4.3 研究方法

本章采用质性方法(Bodan et al.,1982),探究两位新任教师在职业适应中个性化的形成、发展和变化过程,以及个人情感经历在其教学观形成和适应学校规范、群体价值观中的作用(Kuzmic,1994)[16]。因此,我们将聚焦于他们各自的生活环境和发展语境,而非整个中国俄语教师的宏观语境。

7.4.4 数据搜集与分析

数据来源于四个方面:

(1) 对两位新任教师的半结构式访谈。每位新任教师访谈三次,每次两小时左右,采用录音转写的方式。访谈围绕 7.4.1 节的问题展开,如入职之初教学科研面临的困境、同事和领导及指导教师的支持对职业发展的促进、最终适应职业生涯的时间等问题,并与他们探讨过往情感经历对自身职业适应的影响。

(2) 对两位新任教师的课堂各进行六个小时的观察。观察分三次,每学年一次。课上做详细的记录,记录他们与学生互动情况、授课熟练程度等方面的差异,以探究两位老师教学适应情况的差异。

(3) 与两位新任教师三年来的微信聊天记录。由于笔者与两位研究对象关系密切,李老师在笔者指导下完成了国内学术生涯零的突破(俄罗斯毕业的博士未曾有过国内发表论文和申报项目经历,而在俄罗斯发表的论文国内不予认定)。聂老师与笔者博士期间师承同一导师。所以笔者得以亲历了两人入职至今所有的困惑,亲历了他们由不适应到适应的过程。

(4) 笔者还采访了李老师的院长和聂老师的系主任,访谈问题涉及两位老师的入职经历、教学情况、科研情况和三年来的变化,并请他(她)分别评论新任教师在学校的适应情况。

搜集的数据涉及两位新任教师的过往经历、目前的教学、科研、指导教师、工作环境等,我们采用类属分析法对数据进行整理和抽象。类属分析法(categorization)是指在初步整理资料和确定意义单位之后,寻找反复出现的现象以及可以解释这些现象的重要概念的一个过程,即把具有相同属性的编码单位归入同一类别,并且以一定的概念命名(陈向明,2000)[290]。首先,提取搜集的数据的概念,形成一级编码;其次,对这些概念进行系统分析进而形成范畴;最后,我们对范畴进行相同属性提取并选择一个核心类属。由于研究对象是两位教师,数据量较小,我们的编码采取手动的方式。抽象后,我们发现,两位老师近三年的经历可以从三个方面来描写:现实与困境、支持与发展、发展阶段。

7.5 研 究 发 现

7.5.1 现实与困境

新手教师往往缺乏足够的教学准备(See,2014),并希望自己能够处理专业教学的挑战(Sarason,1996)。本章研究的两位新任教师面临的"现实冲击"(Veenman,1984)来自教学和科研两方面:教学负担的大大增加,学生多、开新课、改作业,还有本科生毕业论文指导及各项课外活动的指导;与学校签订的科研任务。但是面对压力,两人的适应能力却表现出差异。两位新任教师的教学、科研的现实与困境二级编码如表7-1所示。

表7-1反映了新手教师入职之初的认知与情感经历,他们在情感上对大学俄语教学非常向往,可是入职之初教学的现实打碎了他们的理想主义(聂老师典型语句第3行,李老师典型语句第2~6行)。但由于两位老师过往情感经历不同,即李老师在俄罗斯度过学生生涯,而聂老师一直在国内学习和生活,他们对于当前的经历也有不同的解读。国内的本科课程对李老师来说很陌生,需从头摸索,教学成为负担;相比而言,聂老师度过入职之初的困境略显轻松(聂老师典型语句第4~5行,李老师典型语句第3行)。总体来看,聂老师只是感到工作量大,但备课不太难,而李老师却因为很多课程是读书阶段没接触过的而感觉困难重重。可见,新教师在入职之初都面临着难以适应的教学困境,而不同的情感经历又会使他们产生不同的具身体验,从而影响他们职业适应的程度。

表 7-1 新入职俄语教师现实与困境二级编码表

行	典型语句(聂老师)	典型语句(李老师)	一级编码	二级编码
1	学生作业的语法、拼写和表达问题都很多 T2-3①	每学期都有四五门课 T1-2	工作量大(聂) 困难重重(李)	能完成(聂)
2	学生论文选题、结构和格式上有很多问题,需要一一解答 T2-5	每学期都有新课 T1-3		
3	常常觉得时间和精力不够 T2-6	很多课程是我读书阶段没接触的 T1-5		
4	课程在自己做学生时都学习过 T2-7	每班大概有 30 个人(学生多),授课工作量大 T1-7		难完成(李)
5	备课不太难 T2-8	每天要批改纸质作业 T1-8	能够应付(聂) 成为负担(李)	
6	指导的学术论文顺利通过 T2-11	学生多,作业的拼写和语法错误也多 T1-11		
7	学校要求签订科研任务合同 T4-2	国内比俄罗斯可发表语言学论文的期刊少 T3-3	有压力(聂) 难适应(李)	完成任务(聂)
8	科研时间碎片化 T4-6	之前用俄语写作,现在用汉语写作有难度 T3-5		
9	科研工作效率低下,所以还是焦虑的 T4-7	在俄罗斯没有明确的科研任务,国内科研任务重 T3-4		
10	对自己博士论文选题的理论和应用价值有信心 T4-9	科研对于我们回国的年轻人来说非常难 T3-6		未完成任务(李)
11	受过良好的科研训练 T4-11	学校要求尽快出成绩,让我很困惑 T3-8	有信心(聂) 没信心(李)	
12	坚信经过努力,能够完成入职三年的科研任务 T4-10	国内人文研究项目的选题思路总是抓不住重点 T3-11		

注:① 指来自录音转写的第 2 个文本的第 3 句。两位老师访谈均分为 2 次进行。李老师的访谈文本形成文本 1 和文本 3(简称 T1、T3),聂老师的访谈文本形成文本 2 和文本 4(T2 和 T4)。

两位新任教师在科研方面的差异也较明显,李老师感觉困惑(李老师典型语句第 7～11 行),而聂老师则表示有信心(聂老师典型语句第 10～12 行)。究其原因,海归俄语博士在俄期间的论文只要通过教研室同行评审就可在学报上发表,他以在俄的科研经历来解读国内的科研环境,心理上很难适应国内期刊的盲审制度。俄罗斯人文社科的国家项目几乎都是集体项目,主持人一般是获得大博士学位的教授或教研室负责人,海归俄语博士在读书期间没有接触过项目申报,回国后这个任务对于他来说更加困难重重(李老师典型语句第 12 行)。

两位新任教师在入职第一年的课堂表现差异也印证了各自情感体验的不同。笔者在他们入职的第一年分别参与了两位老师各两小时的课堂教学,发现两位老师的课堂表现存在差异:① 聂老师更为自信,时不时和学生进行眼神的交流,手势虽略显拘谨,但偶尔使用手势语,而李老师和学生的眼神交流很少,几乎都是自己在看讲义讲解;② 聂老师的课堂教学表现出一定的语法意识,因为俄语的词形构造相当复杂,聂老师会把变形后的词汇提取出来讲解,而李老师则更注重纠正学生的表达错误,不讲解错误的原因。这是因为两位新任教师学生生涯中接触的教学方法都得到了各自情感上的充分肯定,并在潜意识中学习和继承了自己老师的教学法:国内俄语教学更注重语法点的讲解,教学法也以传统的语法翻译为主,而俄罗斯高校的对外俄语教学信息量大,老师不会把细小的语法点作为讲解的重点。教学态度方面,面对熟悉课本和教学内容,聂老师首先达到了认知与个人情感的辩证统一,表现出更多的自信。

7.5.2 支持与发展

研究认为,外界的支持和帮助对于新入职教师具有重要作用。外界的支持可以帮助新入职教师克服入职初期的焦虑情绪(Johnson,1996;Veenman,1984),其中同事和学校领导的支持(Odell et al.,1992)、专业性的帮助(Ngoh et al.,2000)尤为重要。而指导教师是其中的重要部分,其能够为新任教师提供同事的支持和专业性的帮助,因而在他们的成长中发挥着重要作用(Eisenman et al.,1999;Little,1990;Malderez et al.,1999;Koballa et al.,2009)。因此,指导教师在新教师职业适应过程中发挥着支架作用。但是研究发现,这种支架作用却是因个体而异。

Williams 等(2001)指出新任教师所在学校的文化是一个从高度个人主

义文化到教师们互相帮助的协作文化的连续统,指导教师就是这种协作文化形成的重要纽带。本章研究的两位新任教师在入职之初,都感觉到学校浓烈的个人主义文化。但两位新老师都逐步找到了支持的力量(支架),并实现了自己的最近发展区,其中一位得到身边资深同事的帮助和支持,资深同事发挥了指导教师的作用,而另一位教师却没有得到指导教师的帮助,支撑她发展的是教研室这个集体。新入职俄语教师的支持与发展编码如表7-2所示。

表7-2 新入职教师的支持与发展

行	典型语句(聂老师)	典型语句(李老师)	一级编码	二级编码
1	空间相对独立,老师上完课直接回家 T2-3	老师没课不用坐班 T1-2	与同事不认识(聂) 很少接触同事(李)	感到孤立
2	指导学生论文或者开会同事们才会在一起 T2-5	与俄罗斯的教研室不同,国内同事们接触非常少,我也很不习惯 T1-3		
3	入职一年之后,学院的同事我都还没认全 T2-6	每学期有一次开会,或者是阅卷,同事们才能见面 T1-5		
4	导师是学院指定的 T4-2	学院给我指定了导师 T3-3	指导教师未提供职业帮助(聂) 指导教师不认可(李)	集体支架(聂) 个体支架(李)
5	她和我的研究领域不一致 T4-6	她对我的基础不看好,也不愿意继续指导我 T3-5		
6	我对此早有准备,并没有把发展的希望寄托在导师身上 T4-7	我准备自己寻求合作和发展 T3-4		
7	在集体备课和学术沙龙中和同事们慢慢熟悉 T4-9	和教研室一位老教师聊得来 T3-6	通过集体活动(聂) 通过资深同事(李)	
8	主动跟年长的老师学习先进经验 T4-11	她把论文、报项目的经验毫无保留地和我分享 T3-8		
9	三年过去了,我感到自己已经是集体的一员 T4-10	院长和其他同事的关心让我慢慢融入这个集体 T3-11		

由表7-2可知,教师在入职之初都感受到周围环境的不合作性和自身的孤立性,在这一点上海归博士和本土毕业的博士有着相同的感受。

这是中国大学工作环境的真实情况,新老师需要独自处理教学、科研、生活中的问题。这一点在我们与两位老师的院长或系主任的访谈中也得到了印证。其中李老师的领导更加感觉到他初入职时独自面对各种问题的不适应。

教师以各种社会关系为中介促进自身发展,从而实现职业适应的最近发展区。由表7-2可知,指导教师均由学院指定,他们在两位新任教师的职业生涯中均未提供职业的支持和帮助。导师本身也是为了完成学校"指导青年教师"的任务,并没有站在年轻老师的角度去考虑(聂、李老师典型语句第4~6行)。正如Tomlinson(1995)所提出的,并非所有导师都能清楚地认识到自己的角色。

两位年轻老师在工作中都得到了个体在发挥潜在能力过程中的其他中介的帮助,即支架,只是两者的支架有所不同。李老师通过个人的力量和教研室一位资深教师结成帮扶关系,并得到了其他教师和院长的帮助,适应了群体和中国高校的人际关系(李老师典型语句第7~9行)。聂老师通过集体活动,在和其他成员的互动中更快地融入集体,进而实现了自己适应集体和高校氛围的过程(聂老师典型语句第7~9行),说明符合教师最近发展区的调节是有效的(孟亚茹 等,2019)[830]。相比之下,聂老师的适应更加主动。两位老师的适应速度和主动程度也与他们的过往情感经历有关,因为留俄的李老师在情感上更加接受俄罗斯的教研室环境,老师们下课了会在教研室讨论教学和科研的进展,合作交流更多。而聂老师因为一直身处国内高校,从心理上更加接受上完课就回家的高校教师生活。两人的叙述均得以外化,反映了李老师和聂老师对来自周围的支持力量的认知与情感经历。

7.5.3 发展阶段

两位老师博士毕业后,几乎在同一时间进入高校,进行俄语专业教学,开始了职业生涯。

从发展阶段来看,两位老师都经历了Maynard等(1995)提出的3个阶段:认识困难、相对稳定和向前发展。我们可以在与他们的微信聊天记录里寻找两位老师度过认识困难期,到达相对稳定期的时间节点。

入职的第二学年之初,李老师在微信中说:

> 看样子国内高校就是这样,教学科研都要做好,都得靠自己,坚持着干下去吧。T3-5

聂老师的转变在入职的第二学期,学期之初她在微信中说:

> 白天上课、改作业,晚上还得看书写论文,我已经习惯了。……下学期教研室让我带高级俄语的课,还准备试着报一下省社科项目、教育部项目。T2-6

度过认识困难期意味着对过往情感经历的依赖和信任度降低,开始重构新的情感经历。李老师在入职的第二年开始认同中国高校俄语专业课程多、作业多、论文指导任务重的事实,并能够较好地应付国内的教学方法和课堂管理。而聂老师的认识困难期只用了半年的时间。两位老师分别经历了一年和半年时间,他们建立起自己内心固定的套路和模式,开始努力适应学校的文化,进入 Maynard 等(1995)所说的"稳定期"(stability),即相对稳定期。在这个阶段,他们开始熟练地处理教学日常事务,但是还不敢独自尝试新的方法,担心因此而打乱常规。

根据访谈,我们发现两位老师的发展时期有所不同,聂老师的前两个阶段明显比李老师要短,更快地适应了中国高校的文化,进入向前发展期。

两位老师都在入职的第三年进入了向前发展期,只是他们的发展方式和路径不同,具体如表7-3所示。

相比李老师,聂老师对于"教材"更加熟悉(聂、李老师典型语句第1行),她的过往情感经历与新的情感经历更为接近,重构相对容易,也就能更快地进入相对稳定期。这一差异也表现在他们的成长路径中,聂老师顺利获批了省社科和教育部项目,顺利成长为一名成熟的高校教师(聂老师典型语句第5~7行);李老师带领学生做了字幕翻译等实践工作,受到学生的喜爱(李老师典型语句第2~4行),参加了学校的青年教师讲课比赛并进入决赛,顺利实现了教师的职业适应,但是学术生涯始终没有收获,无法按期完成学校的科研任务(李老师典型语句第5~7行)。

表7-3 新入职教师职业适应的阶段

行	典型语句(聂老师)	典型语句(李老师)	一级编码	二级编码
1	《东方》教材我很熟悉,读书的时候就觉得这套教材编得很好 T8-1	教材和教学方式都不同于我读书的时候,因此心理上有畏惧感,但最终还是克服了 T7-5	适应教学节奏(聂)	职业适应
2	高级俄语我已经带了一轮,比较有信心了 T8-2	课堂上和学生的互动增加了,两节课过得很快 T7-1	享受教学过程(李)	
3	每周集中一天的时间批改作业 T8-3	带着学生组建了**字幕组,做的电影字幕在各大网站上可以看到 T7-3	科研有收获(聂)	
4	指导本科论文顺利通过答辩 T8-5	学生们愿意把想学俄语的烦恼跟我说,我试着鼓励他们 T7-4		
5	入职第二年获批了省社科项目 T8-8	科研方面我还要寻找突破口 T7-6	科研不放弃(李)	
6	第三年获批了教育部项目 T8-9	三年里我申请了国家社科基金、省社科基金项目等 T7-9		
7	认真搞好教学、科研,争取早日把副教授评了 T8-11	暂时没有收获,但是不会放弃努力 T7-10		

根据 Zeichner 等(1985)[1] 的观点,新手教师主动或被动地塑造成学校文化接受的形状。Zeichner 等 (1985)[9] 还引用了 Lacey(1977)的观点,认为新手教师的塑造和适应分为 3 个层次:第一层次是内部调整(internalized adjustment),即服从权威;第二层次是战略服从(strategic compliance),即服从规则,但保留私人习惯或空间;第三层次是战略再定义(重构)(strategic redefinition),即新教师成功地改变和发展,其教学、科研等行为被新环境所接受。两位老师都在自己 3 年的职业生涯里实现了战略再定义(重构),即情感经历重构过程。

但是他们的职业适应过程又存在差异:

(1) 入职之初,海归俄语教师面对大量的备课和作业批改任务,心理上的冲击大于本土毕业的博士教师;

(2) 面对学校规定的科研任务,海归俄语教师感到压力更大;

（3）海归俄语教师对中国高校的个人主义文化感受更深；

（4）从阶段与分期来看,本土博士毕业俄语教师能够更快地度过相对稳定期,进入向前发展期。

Farrell(2003)认为两个关键的因素影响了新入职教师的职业适应：入职的学校和教师本身。我们认为,过往情感经历是影响新教师职业适应的主要因素,这主要与他们博士就读的学校环境及他们与环境的互动有关。

由上述差异可知,俄罗斯留学归国博士经历了一个更长的适应期,这与他在俄罗斯高校的体验和对副博士培养的认知有关。

俄罗斯高等教育更加注重历史的厚重、宽阔的文化底蕴及深思熟虑的理论修养(李申申,2005)[128]。这种思想从以下3个方面影响了李老师对于高校的认知：① 初学俄语阶段,学生们需要在大量的练习中培养学习能力,老师们的工作主要在课前准备,不需要批改大量作业；② 副博士教育体制引导有才华的年轻学者扎扎实实,一步一个脚印地向前迈进,扼制一些人的浮躁、急功近利的心态膨胀(李申申,2005)[128],导师不会催促学生的论文进度,因此"作业和学生论文都是老师的任务"是无法理解的；③ 根据2006年 Шереги Стриханов 对2005年入学应届副博士生的调查,在俄罗斯不准备从事学术工作或尚未确定职业意向的副博士占40%以上,副博士毕业不一定要报项目、发论文。

而过往情感经历也使李老师对国内高校的个人主义文化感受更深。因为俄罗斯高校有着浓厚的教研室文化,同事之间的联系较之国内更为密切,指导教师也发挥了更加积极的作用。所有这些都在李老师的认知中留下印记,并在情感上对这种工作和人际模式予以认同,这也就使得李老师与国内高校模式实现成功互动相对困难,到达向前发展期也相对较晚。

两位老师从相对稳定期到向前发展期的途径有所不同,聂老师的教学科研均有进步,而李老师则更多地得益于他带领学生们组建字幕组,与学生实现了更深的互动与交流。可以说,俄罗斯副博士论文强调实践性(李申申,2005)[128]的传统培养了李老师的教学实践能力。

7.6 结　　语

本章以社会文化理论的过往情感经历和最近发展区理论为基础,对海归和国内毕业的新入职俄语教师进行了质性分析,探讨了新入职俄语教师的职业适应问题。中国俄语教师本身就是一个发展极其困难的群体,如聂老师所说,(每年教育部项目)俄语专业立项的不过5～6项,他对于国内论文发表难,特别是俄语研究的论文发表难的现状早有思想准备,而新入职俄语教师又是这个群体里发展更加困难的人群。研究发现,不同的过往情感经历和教师本人的内在信念、情感体验会影响新入职俄语教师的适应程度和进度,不同的支架会引导他们以不同的方式进入最近发展区。

两位新任教师的案例给环境的改善提供了启示:学校可为他们搭建平台、统筹资源,帮助教师尽快适应环境。具体而言,学校可为海归博士组织教学、科研培训,让他们了解国内的课堂教学、作业批改、项目申报、论文发表等的现状和要求;可安排新入职教师与资深教师自愿结成指导和帮扶关系,新老教师相互听课,组成团队申报科研项目,老教师注意倾听新教师的情感诉求,在他们的情感叙事中寻求解决困惑的途径;外国语学院应通过教研室或工会定期对各语种新入职教师的工作压力、生活状态进行调研,并形成调查报告,有条件的学院还可以在入职第一年适当减少教学工作量,让他们边听课边上课,实现从学生到教师的转型,逐渐融入学院群体。

新教师本身也应发挥能动性,主动、积极地适应教师生活。具体而言,新教师可以自主学习教学法和教育心理学,实现与学生的有效沟通;制订分学期的职业规划,每学期完成一个教学或科研的小目标,以期在三年内完成学校任务,成功融入学校的文化氛围;主动寻找支架,寻找与自己研究方向相近的资深教师,共同开展学生论文指导、项目申报等工作;海归青年教师还可以和本土毕业教师形成交流群体,了解国内博士培养阶段的知识储备和学术要求。

新入职教师的职业适应问题因人而异,千变万化,Lortie(1975)曾说过教师的职业适应是谜一般的难题,Bullough(1993)[93]认为这一过程是"奇妙而神秘的"。通过研究我们发现,新教师的职业适应具有个体性、层次性、复杂性和多面性,如果能更加具体、深入、全面地了解一线青年俄语教师的实然状态,从而有针对性地提出对策和措施,那么将对促进新入职教师适时地进入职业生涯的良性循环阶段具有重要的应用价值。

第八章

《新国标》背景下俄语教师职业能动性研究：生态环境视角

8.1 引　　言

2018年1月30日，教育部颁布了《新国标》，全国高校外语类专业新一轮教学改革已悄然展开(孙有中 等，2018)。《新国标》共分为九个部分，其中第六部分对"教师队伍"从师资结构、教师素质、教师发展3个方面进行了详细的阐述。因为教师是课堂教学的组织者，也是教学改革的实施者；没有教师对教学改革的积极响应、准确理解和身体力行，任何教学改革都将无果而终(孙有中 等，2016)。而《新国标》的培养目标、培养规格、课程体系和质量管理等也对外语教师的职业规范进行了限定。为了指导高校各语种专业落实《新国标》基本精神，在《新国标》基础上参照《指南》，根据社会需要、区域特点和办学定位，制定本校相关语种专业的本科人才培养方案。本章以教师发展的生态系统理论为框架，以质性研究的方法讨论《新国标》和《指南》背景下中国俄语教师如何与环境互动、融合，发挥自身能动性的问题。

8.2 教师能动性及生态系统理论

8.2.1 能动性的定义

能动性是经过社会文化调节的行为能力(Ahearn,2001)。Duff(2013)认为能动性是人们做选择、操控、自我调节的能力,使个体追求自身的目标,潜在地引向个人和社会的转变;Van Lier(2008)从第二语言习得(Second Language Acquisition,SLA)角度研究了学习者能动性问题(Learner's Agency,LA),认为能动性是一个经过文化和历史的经历构建而成的社会活动,学习者能动性的核心特征有:① 学习者的自我调节能力,即主动性;② 学习者能动性与社会文化环境的相互调节作用,即相互依赖性;③ 个体针对特定环境实施不同的能动性行为并对其评估,即情境性。综上所述,能动性指个体具有采取身体、认知、情感和动机行动的潜力,并根据特定目的做出选择,个体能动性与环境构成辩证统一的关系。

能动性在第二语言习得研究中备受关注(Norton,2000;Pavlenko et al.,2000;Lantolf et al.,2001;Hunter et al.,2007;Van Lier,2007,2008,2010;Kramsch et al.,2008;Mercer,2012;Duff,2013;秦丽莉,2015)。其中,Van Lier(2008)[179]提出应该将能动性视为语言学习过程研究的核心维度。

8.2.2 政策变化中的教师能动性

本章将教师能动性置于国家外语教育政策即《新国标》的背景之下进行考察,研究教师在各级权力制约下的行为能力,并将其发挥视为一个动态的、复杂的、持续的专业和社会过程。Ricento(2000),Liddicoat(2018)曾研究了语言政策与能动性的关系,他们从教师在语言教育政策中所扮演的角色以及教师在政策变化中采取行动和进行选择的能力来理解教师能动性。此外,教师能动性还被认为是一个持续的社会和专业过程(Ruan et al.,2019;Tao et al.,2017)。本书赞同这一观点,我们认为教师能动性的发挥是一个复杂的过程,或者发起变革,或者被动地接受管理;能动性也可能是一个服从或抵制机构权力的过程。能动性和机构权力之间存在着互动关系,两者相互构成,相互塑造(Archer,2007,2012;Liddicoat,2018)。

行为能动性具有复杂性和双向性（Archer,2007,2012;Zhao et al.,2012）,教师能动性也如此。一些研究强调了能动性的自主作用,如 Freeman（1998,2004）,Skilton-Sylvester（2003）。Ramanathan（2005）和 Shohamy（2010）认为,即使受到语言政策的限制,教师能动性仍然能够得以发挥;Chimbutane（2011）和 Cincotta-Segi（2011a）都明确指出,教师必须适当理解宏观语言政策,以适应课堂的需要;Chung 等（2016）将教师视为变革的推动者和真正的政策制定者。另一些学者则强调宏观政策对教师及其所在教育机构的限制作用,我们用 Liddicoat（2018）[149]的话将此概括如下:传统意义上,语言规划和政策（Language Planning and Policy,LPP）赋予上层执业者能动性,但对于基层（地方性）执业者（如教师、学生、家长）,要看语言政策文件中如何限制他们的能动性。同样,Hornberger 等（2007）发现,教师行为受到语言政策的限制;Cincotta-Segi（2009）指出,教师在课堂上通过特定的语言实践来发挥能动性,但他们的能动性受到官方话语的制约;Johnson（2010）认为一些宏观的意识形态或政策对学校来说是难以逾越的;Ball 等（2011）发现,大多数教师都植根于并受制于主流政策话语。

由上可知,国家语言政策对教师能动性的制约及能动性对语言政策的反作用还需进行深入研究,尤其是在语言教育政策具有强制性和约束力的中国,由宏观到微观的语言政策维度下教师能动性的发挥程度更加值得关注。

以生态系统理论为基础,本章研究俄语教师的能动性问题。该理论与能动性的生态视角有其相似之处,即强调个体与环境的相互作用和良性融合。但两者存在显著差别:生态视角是社会文化理论的延伸,是教师发展环境理论的第二个阶段;生态系统理论属于环境理论的第三个阶段,它与生态语言学（Haugen,2001）[57]密不可分,其理论基础为 Bronfenbrenner（1979）的生态系统理论。

Bronfenbrenner（1979）认为发展的个体不仅受到环境的影响,而且不断进入并重构其周围环境;环境与个体相互适应,形成双向的相互作用;环境不仅指当下的情景因素,还包括与这些情景相关的更大的环境。Bronfenbrenner 理论中的生态环境是一个同心、嵌套的系统,系统由内而外分别是微系统（microsystem）、中间系统（mesosystem）、外系统（exosystem）和大系统（macrosystem）,其中微系统与个体的关系最为密切,向外依次递减。

根据教师能动性与语言政策（本书指《新国标》和《指南》）的关系及教师

发展的生态系统理论,本章研究以下问题:

(1)《新国标》及《指南》形成了怎样的俄语教师发展生态系统?

(2)该系统中中国俄语教师的能动性受制于哪些因素?

(3)《新国标》和《指南》语境下,哪一级系统对教师能动性影响最大?

8.3 研究方法

8.3.1 研究设计

本章研究的教师来自中国的4所高校,分别位于北京、上海、海南和西安,学校类型涵盖了外国语大学、综合性大学和理工类大学。研究将在4所学校的俄语系、教研室(或俄语学院、俄罗斯东欧中亚学院)进行。中国的外国语大学里俄语教师组成了独立的处级行政机构,下设基础俄语教研室、高级俄语教研室、写作听力教研室等,学院一般由15～30名教学人员组成;而综合性或理工类高校的俄语系或教研室为学院下设的机构,由3～10名教师组成,其课程设置、教学质量评估等均受制于学院。不同院校及不同的俄语系或学院的设置构成了教师能动性的中间系统,促进或制约着俄语教师能动性的发挥。

本章的研究始于2019年秋季,是2018年《新国标》颁布的一年半以后。自2016年起,国内应用语言学界就开始了对《新国标》的讨论,学者们热议《新国标》将要带给外语教师的机遇和挑战(孙有中 等,2016)。2020年4月,《新国标》配套的各学科《指南》颁布,《指南》对俄语教学的培养目标、课程设置、教师素质等进一步进行了规范。数据的搜集截至2020年9月,此时《新国标》颁布近2年,《指南》实行近半年,国内各高校开始迎接第五轮学科评估,俄语教师处于这一复杂生态环境下,对于能动性的制约和发挥有着切身体会。

8.3.2 参与者

本章采用目的抽样方法选取受试者。根据8.3.1节所述,我们将以来自国内4个代表性地区的4所高校的俄语教师的访谈作为主要的数据来源。此外,访谈对象的选取还将遵循以下原则:首先,他们至少具有5年的俄语专业教学经验,为熟手型教师;其次,他们至少教授过5门本科课程;再次,他们教授过俄语专业的核心课程,即基础俄语或高级俄语;最后,他们中间有1~2位担任过行政职务,因为有行政经验的教师在解释和执行语言政策和教育方案方面发挥着关键作用(Johnson et al.,2015;Cheng et al.,2019)。根据这些原则,我们选定了ABCD 4名俄语教师进行访谈,其中A、B和C从事过多轮综合俄语的教学,且A担任过某外国语大学俄语学院副院长,并教授过高级俄语的课程,4位教师分属于不同的年龄段,自身能动性发挥的微系统有所不同。4位教师的具体情况如表8-1所示。

表8-1 教师参与者基本信息一览表

教师参与者	性别	所属地区	高校类别	职称	教龄	行政职务	目前所授课程
A	女	西安	外语类	副教授	20年以上	副院长	综合俄语(1~4)
B	女	上海	综合类	讲师	10~15年	无	俄语语法
C	女	北京	理工类	讲师	10~15年	无	大学俄语
D	男	海南	综合类	讲师	5~10年	无	俄汉翻译

8.3.3 数据搜集

为了搜集《新国标》语境下教师能动性的数据,我们采用了半结构式访谈和课堂观察两种途径。由于教师能动性是一个动态的、复杂的、持续的专业和社会过程,我们需要一种方法来搜集教师在长期教学经验中形成的能动性信息,课堂跟踪和观察为这类信息的搜集提供了可能。两类数据的分布为:课堂观察每位教师6次,平均每学期3次,观察新的语言政策对俄语教师能动性的实际影响;半结构式访谈每位教师1~2小时,访谈提纲根据《新国标》和《指南》所构建的微系统、中间系统、外系统和大系统展开,探讨新的语言政策对俄语教师能动性的制约或促进作用以及他们在政策制定和政策变化中所发挥的作用,他们在教学中自主决策的能力,以及他们在《新国标》和《指南》的语境下进行教学改革的自由度。访谈的问题均为开放式,教师可以谈论他们对《新国标》和《指南》的理解,以及他们的教学活动及心态的变化,以此为我们的研究提供更多的信息。

8.4 数据分析

8.4.1 大系统视角下的教师能动性

《新国标》和《指南》形成了中国俄语教师职业能动性发挥的宏观系统，它是两份语言政策文件中隐含的意识形态因素，这种因素影响着某一群体所有成员的社会蓝图。作为教育部推出的外语教育政策，《新国标》和《指南》的大系统可以从如下两方面理解：

(1) 文本形成的语言政策强制力

中华人民共和国教育部作为大系统的主体，承担着发起、规划、实施和监督教育改革的职能。2018年和2020年，教育部分别授权高等学校外国语言文学类专业教学指导委员会（以下简称教指委）和俄语专业教学指导分委员会设计、撰写了《新国标》和《指南》，作为新时期外语教学和俄语专业教学的指导性文件。《新国标》和《指南》形成了由国家政府决策的自上而下的教学指导、监控体系，而高等教育机构的作用是实施政府发布的策略，并搜集数据报告教育部或省教育厅，反映了中国高等教育机构和国家语言政策之间的关系总体上表现为顺应和兼容(Qian et al., 2004)。

《新国标》和《指南》均分为11个部分，包括培养目标、培养规格、课程体系、教师发展、教学条件和质量管理等。文件对学生、教师的表述都是规定性的。文本中可能性情态词的使用倾向更是体现了其强制性和规定性结构、语法特征和词汇使用，体现在频繁使用祈使句上，如第4.3部分对学生能力的要求：

> 俄语专业学生应具备俄语运用能力、文学赏析能力、跨文化能力、思辨能力，以及一定的研究能力、创新能力、信息技术应用能力、自主学习能力和实践能力。

文件的编写宗旨也充分体现了教育部主导、高校和教师遵从的自上而下的性质：

> 本标准是全国高等学校外语类本科专业准入、建设和评价的依据。

各高校外语类本科专业应根据本标准制定适应社会发展需要、体现本校定位和办学特色的培养方案。

《新国标》和《指南》中可能性情态词和高频关键词的使用频次更是对两份文件所形成的俄语教师能动性的宏观环境进行了限定。两类词汇使用情况如表8-2所示。

表8-2 《新国标》和《指南》中可能性情态词和高频关键词使用频次表

可能性情态词	频次	关键词	频次
应	162	能力	215
可	56	培养	145
能够(能)	41	要求	138
		促进	88
		合理	65

由表8-2可知,《新国标》和《指南》中最为高频使用的是高量度情态词"应",两个中量度情态词"可"和"能够(能)"的使用频次远远低于"应"。《新国标》和《指南》的主题词则描述了语言政策大系统所建构的俄语教师角色,俄语教师需要按照《指南》要求,培养学生的语言知识能力、思辨能力、创新能力等。一般而言,选择体现高度责任的情态模式与选择高度可能性的情态模式是一致的,高量度的情态表现了说话人较高的权势和责任。相反,权势较低的发话者则会选择体现倾向性的情态模式和低度可能性的情态模式(Martin,1992)。这是与两份文件编写者的社会角色一致的,教指委的权势明显高于各高等学校和俄语教师。反映了《新国标》和《指南》语境下,教指委作为发布者,教师作为执行者的角色和地位,也反映了教学是一个机械的实施过程,而不是一种对话机制。

(2)"人文情怀、国际视野"和课程思政

《新国标》和《指南》还在"培养规格"的第一部分明确提出了俄语专业学生培养道德品质和意识形态的要求:

俄语专业学生应具有正确的世界观、人生观和价值观,良好的道德品质,中国情怀和国际视野,社会责任感,人文与科学素养,合作精神,创新精神以及学科基本素养。

文件提出的"中国情怀和国际视野""正确的世界观、人生观和价值观"等与教育部近年来提出的课程思政紧密相关。课程思政就是要将思想政治结合到课程中去,更是将正确人生观、价值观的内涵与养成融入课程中(肖香龙等,2018),在专业知识的基础上合理结合人文素养教育和意识形态知识,能够使学生树立正确的价值观(和伟,2019;李永力 等,2019)。课程思政方针明确出现在《指南》中,这也为俄语教师规定了坚持正确的政治方向、德育为先的职业发展大系。

　　由上可知,《新国标》和《指南》形成了新时代中国高校俄语专业教师发展的宏观语境,这一环境的特点是具有强制性和约束力,在语言知识之外更加注重意识形态教育,进而形成了国家政策的强势影响;然而,通过对4位俄语教师的访谈发现,政策作为权力结构的一部分,也可以为教师机构创造空间(Hornberger et al.,2007)[527]。我们发现,政策话语可能成为一部分教师能动性的约束因素,也可能被教师所忽略,甚至可能成为俄语教师能动性发挥的契机。

如B认为:

　　它(《新国标》和《指南》)就像是有一条红线在那,比如价值观的教育就是一条明显的不可逾越的红线,教师具体操作形式的自由度还是有的,但是教师肯定会有一个不能逾越的东西。

A认为:

　　它(《新国标》和《指南》)可能给我们指定了一个目标,比如翻译课我们应该教给学生最基本的东西是什么,如何掌握语言对比的知识,需要具备哪些专业技巧,达到标准之后,就可以按照自己的思路设计课程。我觉得在《指南》语境下,按照一个既定的目标去做就行,对教学自由度的发挥没有太大的影响。

D认为:

　　南大院长在讲座中结合自己的西方文学课程,立足于中国的基本点进行中西对比,进而达到培养学生"中国情怀和国际视野"的教学目标。一位日语专业的教授也讲到以中日文化比较提高文化自信,培养中国情怀的问题。所以，我认为，课程思政其实是给我们教师提供了一个新的切入点，使我们能打开思路，发挥潜力和创造力，提升自己的教学能力。

4位俄语教师都对《新国标》和《指南》进行了认真的解读和理解，并认为语言政策是自己的潜力和创造力发挥的框架和"红线"，个人能动性不能逾越这一框架，A的表述见上述文字，B、C、D均谈到"《指南》为我们确定了一个宏观的界限""我们能动性的发挥当然不能超越《指南》的边界"等。但是A、B、D 3位教师对语言政策所构建的宏观语境有着不同的理解，A、B两位老师仅仅满足于服从语言政策而采取的必要措施，并未谈及新政策对自身能动性的促进作用和教学实践的创造空间。而D在听了业内几位专家的讲座之后，认为政策除了限制教学外，还能指导教学，为教学寻找到新的增长点。这说明他对政策进行了更为批判性的解读，为自身能动性发挥打开了更为宏观的空间。

因此，从《新国标》和《指南》的词汇和文本来看，政策文件形成了具有约束力的空间，而在实际实行过程中，一方面，其颁布和执行为俄语教师提供了一个宏观的指导方针，教师能动性必须在这个框架内展开和发挥；另一方面，语言政策的新提法（如课程思政等）也为教师的教学实践创新提供了新思路，教师在与政策的顺应和博弈中寻找自身价值和发展空间。

8.4.2　外系统视角下的教师能动性

本书第四章对外系统进行了定义。外系统一般不包括教师本身，但是会间接地影响教师的职业生涯及其发展。外系统从发展中个体以外更大的空间和关系中探寻影响发展的原因和解决办法。从2016年《新国标》讨论到2020年4月《指南》颁布，直到任务完成，本书把这4年时间作为时空背景，也就是研究的外系统。这一系统包括中国国家教育部颁布的涉及高等学校的各项政策，教育部各级领导在公开场合的讲话和发言，如陈宝生同志在2018—2022年教育部高等学校教学指导委员会成立会议上的讲话，以及4年里中国俄语教师面临的国内、国际环境和重大事件，如2019年颁布的《中华人民共和国高等教育法》，2020年国内和国际新冠肺炎疫情导致的教学模式的变革等。

四位被访教师均认为，从《新国标》讨论到《指南》颁布的四年里，国内外环境所构成的外系统对自身能动性的发挥起到了一定的促进作用。

D认为：

  2016年至今，我感觉国家政策、语言战略的变化使得教师的个人潜力得到了更好的发挥，比如我们海南的国际旅游岛和自贸港等政策。结合这些政策，我会从社会需求和社会环境等角度给学生们讲全民外语水平的提升规划等，这对于教师的能动性也是一种促进。例如我了解到了国家政策，如"一带一路"倡议、"自贸港"等，我会把这些政策融入具体的教学设计中。另外，国家建设海南的时代背景还激发了我编写相关教材、开设新课程的想法。

C认为：

  这几年的时代背景，我觉得是更加呼唤教学创新，如这学期疫情防控期间的线上教学，促使我不得不修改了使用多年的PPT。这些教学方式的变革体现出更多的能动性，如翻转课堂就是对老师教学技巧的更大挑战。另外，这几年国内的各类教学比赛也增加了，有学校的、外研社的等，在比赛的激发下教师能动性要高得多。一节15分钟的课，我要对学生进行采访，让几个学生编一个小话剧，我来点评。但是这些创新也要求我们走出传统教学的舒适区，在教学上花费更多的时间和精力。总之，整个时空背景对我们来说肯定是更容易发挥能动性，而不是限制。

  上述话语表明，从国家政策和近四年的时代背景来看，俄语教学的空间在逐渐扩大。激发俄语教师能动性的因素既有国家促进经济发展的各项政策，如"一带一路"倡议、"自贸港"、"粤港澳大湾区"等，又有一些不可抗力带给俄语教师的挑战，如疫情防控期间的线上教学。但是在访谈中我们也发现，新的外系统下俄语教师能动性的发挥大部分还停留在构思和愿望层面，如C谈到的"编写相关教材、开设新课程"和C谈到教学创新需要"走出传统教学的舒适区"等，说明外系统的变革会激发俄语教师的能动性，但是这一能动性真正得以实施还受制于教师的个性化因素和学校的制度及评价体系等。

  当然，国家政策的变化和教学创新的需求也会使得一部分俄语教师感觉难度加大而放弃。这方面A有过行政经验就比较有体会，她谈道："（疫情防控期间的线上教学）学校要求统一用超星学习通，很多老师学起来很费劲，学院开学前两周的教学受到一定的影响。"近年来,教育部提倡、学校也积极推动微课和翻转课堂等多种教学形式,但是真正进行了教学创新的老师还是少数,大部分老师开展的是线上直播课,自身的能动性并没有太大的激发和提高。

可见,从《新国标》讨论到《指南》颁布的四年里,中国高等教育的时代背景和宏观语境对俄语教师能动性的激发具有积极的作用。国家诸多新政策的颁布为俄语教师教学创新、教材研发、教学比赛提供了契机。但是,教师所在机构的管理体制和教师自身的畏难情绪及时间分配等也会成为能动性发挥的阻力。因为,阻力作为影响能动性发挥的一种方式,始终存在于政策执行过程中(Liddicoat,2018;Tollefson,2013)。教师表达的消极和抵制情绪也是一种"情感事件"(Zembylas,2021),成为阻碍教师能动性的一个重要维度。

8.4.3 中间系统视角下的教师能动性

中间系统涉及外语教师授课的课堂、家庭以及院系团队等之间连接而成的系统,还包括教师所在的学校,学校的各项制度、评价体系和职称评审系统等。本书的中间系统主要探讨中国俄语教师所在学校的制度、规定和评价体系等对他们能动性的限制或促进作用。四位被访教师均认为,中间系统与自身能动性的关系最为密切。

A 认为:

> 我们的创造力不能逾越学校的环境,只能是在和它的这个博弈中选择一些自己可以发挥的点。

B 认为:

> 我觉得,学校对我们老师发展的制约作用是最大的。在大的《指南》框架下,细化后就是学校的政策,这个可能是跟老师本身的发展方向和整体工作最为紧密相关的因素。

C 认为:

> 正常情况下,我们一般都不会违背《指南》的基本精神框架。但是学

校的评价体系就会跟我们的职业发展和经济利益直接相关,因此我们主要根据学校的评价体系调整自己的职业规划。

C 明确指出:

学校占有更大的主动权,老师基本上是跟着学校的政策走,学校导向什么,我们就得去做什么。

四位被访者都以教学、科研中的实际案例对学校政策如何制约和促进自身能动性进行了说明:

B 谈道:

学校要求教师进修,我们就会优先选择进修和培训。另外,我们学校规定,评副教授必须当一年辅导员,还要带一次学生实习,以前实习没人带,现在大家都争着带。

C 谈道:

学校实行了非升即走的政策,这给老师的压力特别大。在这种评价体系下,老师们不管能不能做科研,都要把科研放在最重要的位置上,这就是在压力下激发自己的潜力。所以我觉得学校的政策是跟老师的职业发展切身相关的。

四位被访者都谈到,他们赞同个性化教学,但是个性化教学不能违背学校和学院的各项规定,更不能为之所累,进而影响自己的职称晋升。A 还谈道,她曾经在学院努力推行精品课、慕课和微课比赛等,并认为这对于培养学生思维能力、开阔学生视野很有必要。但是学院大部分老师都拒绝参加,因为该类教学改革的成果在学校政策中得不到任何的承认,也不被纳入学校支持晋升的体系之内。

以上的数据分析说明,大系统和外系统为俄语教师打开的空间有可能因为中间系统的某些政策的限制而被迫关闭。如"课程思政"、"一带一路"倡议、"翻译课堂"、"线上教学"等激发了教学方式、教学内容的创新和改革,但是高校的非升即走、社会服务等要求又把握住了教师发展的命脉所在,从而挤占了教师大量的备课时间,阻碍了教师教学能动性的发挥。

中国俄语教师身处非常复杂、困难的中间系统,特别是在综合性和理工类院校中更是处于相对边缘的地位,其职业需求大多不为学校所考虑,他们有种种矛盾感受和艰辛体验。在学校政策的导向下,教师普遍感受到教学自主受限、科研压力大。过多的评奖、考核,以及与教师需求无关的各种活动和行政干预占用了教师大量的宝贵时间,导致教师多元角色冲突。为了应对教育行政化的文化规约,教师在冲突中妥协,在高压下回避,在妥协和回避中自救。因此,俄语教师在与大系统和外系统的顺应中寻求平衡,在与之博弈中寻求能动性的发挥,而教师对于中间系统则完全是顺应,其能动性完全处于妥协的状态。

8.4.4 微系统视角下的教师能动性

Bronfenbrenner 将生态环境看作一组同心、嵌套的系统,其中微系统处于这个同心嵌套系统的最内圈,处于最为核心的地位。微系统指个体身处的当下环境以及环境中与个体直接或面对面交互作用的各种人或物之间的关系,是主体参与人际交往的直接环境。对于中国高校俄语教师而言,他们所工作的小环境,如俄语系、教研室,以及他们生活的环境,如家庭、身边的人际关系等都是微系统的重要构成要素。而《新国标》和《指南》构成的微系统除了上述要素之外,还包括两份文件中对俄语教师的具体要求,如《指南》第8.3部分指出:

> 各高校应制定科学的俄语专业教师发展规划与制度,通过学历教育、在岗培训、国内外进修与学术交流、行业实践等方式,使得教师不断更新教育理念,优化知识结构,提高俄语专业理论水平与教学和研究能力。
>
> 教师应树立终身发展的观念,制订切实可行的发展计划,不断提高教学水平和研究能力。

由此可知,《指南》对俄语教师自身提出极高的要求,他们既要有专业理论水平,又要有研究能力。《指南》还要求教师一生不能放松自己,需要终身发展、不断提高。这种要求是针对每一个教师个体的,可能会营造起教师的内心氛围和对未来发展的规划,进而营造教师发展和能动性发挥的一种微系统。在这一微系统中的四位被访者能动性的发挥归结于自身的性格因素和能力问题。

如 C 谈道:

> 《指南》提出的要求很高,我觉得俄语教师面临的挑战一直都很大。但是这种挑战不仅是外界的要求,更是老师对自己的要求,有的老师非常具有创造性,不管外界有没有压力,他都会一直不停地向前。所以说我觉得还是取决于自身的因素,《指南》不会形成太多的限制。

而对于俄语教师成长的另一个重要的微系统——教研室,几位被访者均持相对否定的态度。他们表示,自己所在的小集体对于自身能动性的发挥既没有促进作用,也没有阻碍作用,因为教研室的集体活动非常少,他们能动性的发挥总体上顺应于学校的政策,并根据自身的能力和特长而定。

B 认为:

> 我个人其实是很希望有一些集体备课之类的教学活动,这些活动对我们的教学水平和能动性发挥是有促进的。但是事实上,虽然《指南》给了我们统一的精神,但是了解指南的人很少,集体备课和集体活动也非常少。我们教学能动性的发挥还是受制于自身的能力和知识背景。

D 谈道:

> 教研室这个小集体对我自身的发展还是有引导作用的,但是如果有集体备课的话,那么老师的主观能动性将发挥得更充分。虽然有时候个人的兴趣点不太一样,但是在这个过程当中也会有所收获。

教研室可以为教师发展营造一个或积极或松散的微系统,积极而多样化的教研室活动会形成一种老教师带新教师的良好氛围,寻找职业发展的共同点,激发教师的能动性。良师引领是教师成长的重要环节,在与良师们的交互中,每个人都按照自己的理解做出回应,方式因人而异,或终身效仿,或创新不止(顾佩娅 等,2015)。良师不仅可以从精神层面提供楷模,而且会在实践层面上促进教师相关知识、能力的形成和发展。新教师成长起来又以自身的道德品质,来激发学生的"学道"精神,即激发学生对高尚的精神和健全人格的追求,而且也要做好"成人之道",扮演正确的教育者角色(史耕山 等,2007)。但是从几位被访者的经历来看,中国俄语教师所处的教研室微系统相对松散,无法形成一种良师引领或薪火相传的氛围,也无法形成俄语专业教师特有的精神文化,因此这一微系统对于俄语教师能动性的发挥既无积极的促进作用,也不会形成明显的阻力。

微系统下教师能动性的发挥更大程度上取决于教师自身的知识积累、成长经历和性格因素等。如C教师谈到的"挑战""更是老师对自己的要求,有的老师非常具有创造性,不管外界有没有压力,他都会一直不停地向前",C教师性格坚韧,有着良好的受教育经历和较高的俄语语言能力,她成为俄语教师应对挑战、发挥能动性进而实现自身价值的典范。科研方面,在俄语语言学论文无法在国内核心期刊发表的不利环境下,她利用自己的语言优势,在国内和俄罗斯分别出版了一些译著,其中一部还获得了国家社科基金的资助。教学方面,学校的评价体系不利于俄语教师,教研室也没有集体促进教师发展的措施,C教师利用自身的教学经验,申报并成功立项了一门校级精品课程,该课程已被多家网站转发,收到了良好的社会效益,C教师自身的能动性和价值也得到了发挥。

8.5 讨 论

本章以不同地域、不同高校的四位俄语教师访谈为基础,讨论了新的语言政策(《新国标》和《指南》)环境下中国俄语教师的能动性问题,力图从生态系统理论的四个层面揭示新语境下中国俄语教师能动性发挥的促进因素和阻力。研究发现,中国俄语教师能动性是一个复杂的、持续的社会过程,生态环境的大系统、外系统、中间系统和微系统在教师能动性发挥方面的作用各不相同,其中影响最大的当属中间系统和教师个体对政策的理解及自身因素。我们总结了四位教师的课堂观察数据,并以访谈转写数据的概念化进行验证,归纳了《新国标》语境对俄语教师能动性发挥的积极和消极因素,具体如表8-3所示。

表 8-3　生态环境的四级系统下教师课堂观察结果表

系统	课堂观察突出表现	数据来源	访谈验证
大系统	以语言知识为主,文学和社会文化知识为辅	ABCD 教师课堂	《新国标》和《指南》指出俄语教师行为的基本框架
	结合"中亚国家概况"课程,对比讲授中俄文化在中亚地区的不同影响	A 教师课堂	课程思政成为教师能动性新的切入点
外系统	采用翻转课堂,教学方式多样	A 教师课堂	《新国标》和《指南》的外系统形成了时代背景和宏观语境,为俄语教师能动性的发挥提供了契机
	运用翻译在线平台,有效存储教学资料	D 教师课堂	
中间系统	谈到自己压力大,课堂组织不紧凑	D 教师课堂	中间系统对教师行为和能动性具有最强的约束力
	下课前叮嘱实习手册的填写	B 教师课堂	
微系统	教学进度忽快忽慢	D 教师课堂	教师自身因素影响能动性的发挥
	以译著的例子讲授翻译课,新颖有趣	B 教师课堂	

从本章第 8.4 节的讨论及课题观察均可看出,《新国标》和《指南》构成的生态系统的 4 个层级对俄语教师能动性的发挥均有影响和约束力。

由观察可见,两份文件均在词汇和语篇构成上体现出强制性和约束力,但是从实际调查来看,政策在宏观层面上为教师能动性发挥提供了更为广阔的空间:一方面,语言政策仅在宏观框架上为教师设置了一条红线,并未对具体教学方法、授课时间、讲授比例等设置固定的模式,教师可以根据自己的专业特长进行课堂设计;另一方面,课程思政及人文素养的培养为教师创新教学内容、挖掘书本以外的知识提供了政策层面的指导。然而,只有教师个体在微观层面上对其进行适当的解读和相应的行动,才能使这一空间得以发挥。如 A 教师跟踪并把握国家的"课程思政"和"一带一路"倡议,并把其精神融入"中亚国家概况"的课程讲授中。课堂教学实践通常受到官方政策话语的约束(Ball et al.,2011;Cincotta-Segi,2009),但教师的课堂教学实践可能因其解释政策的能力而有所不同。在被访的四位教师中,只有 C 教师在政策的空间内最为充分地发挥了自身能动性,教学上成功申报了校级精品课程,学术上论文、译著相继在国内外发表。能动性发挥仅次于 C 教师的是 D 教师，他受到了课程思政等方面政策的启发，力图编写一两本体现中国情怀和国际视野的教材，并在课上讲授海南自贸港等国家政策给俄语专业带来的机遇。其他两位教师的教学方式和科研成果未受到政策宏观框架的影响。

《新国标》和《指南》从讨论到颁布实施至今为俄语教师能动性的发挥构建了一个更为广阔的时代背景。"一带一路"倡议、"自贸港"、"粤港澳大湾区"的提出都为俄语教学提供了更多的可能和机遇。信息化教学、教学比赛、线上教学等促进了教师改进教学方法、适应多种教学形式，充分发挥自身的潜力。但是外系统下俄语教师能动性仍然是在教师自身心理、知识背景，学校评价体系及国家、时代的机遇等的顺应与博弈中寻求发挥和发展。

《新国标》和《指南》在高校等机构的落实构成了俄语教师能动性的中间环境。研究发现，中间环境对俄语教师的制约性最强。教师为了顺应学校的评价体制和各项政策往往会放弃自身优势，选择完成学校规定的业绩，如为了完成职称评审的条件，不得不把实习的问题在课上叮嘱学生。因此，语言政策为教师所打开的宏观空间往往会在学校制度的框架下而被迫关闭，而学校管理者不重视俄语教师专业特点，全员政策一刀切也会阻碍教师能动性的发挥。在此情况下，教师处于相对被动的状态，他们只有寻求与学校制度积极而有弹性的互动和博弈，才能在困境中找到出路，寻求自身解放，进而促进自身能动性的发挥。

《新国标》和《指南》构建的俄语教师能动性的微系统包括政策提出的教师素质要求和教研室或系部的微观环境。Bronfenbrenner认为，微观环境处于生态环境的最内圈，是生态环境的核心，应该是对教师发展影响最为直接的因素。但本章发现，《新国标》和《指南》语境下的俄语教师微系统对教师能动性的作用并不明显。尤其是中国高校的俄语教研室，往往比较松散，缺乏集体备课和集体项目，无法发挥以老带新的良师引领作用。教师只能在与大系统、外系统和中间系统的平衡、博弈中寻求自身优势。这一现状的产生与中国高校俄语教师的教研室群体较小，教师们研究方向和价值取向差异较大有关，俄语教研室的教师往往很难形成统一的研究和教学取向，难以形成薪火相传的教学科研传统，群体因此也缺乏凝聚力，难以成为教师能动性发挥的助力。

教师与环境各层面以复杂的形式互动，环境渗透在教师的职业认知、情感和行为体系中，激励或制约着教师发展，而教师本身也营造着积极或消极的环境。研究表明，优秀的教师主体与大系统、外系统，特别是中间系统的积极互动促进了教师能动性的发挥,进而促进了其职业生涯的发展。这里的主体素质主要指教师的解放性精神和全人发展能力,特别指教师面对职业发展压力和困境时,通过深度学习转变信念,或者通过发挥主观能动性和群体合力摆脱消极因素束缚,从而驾驭环境和把握自我人生。

根据生态系统理论,《新国标》和《指南》形成的4个层级系统对俄语教师能动性的影响由高到低为:中间系统、微系统、大系统、外系统,4个层级形成一个相互渗透的嵌套系统,如图8-1所示,其中大系统、中间系统和微系统由外向内,外系统贯穿于各层级,图中环境因素影响越大,颜色越深。

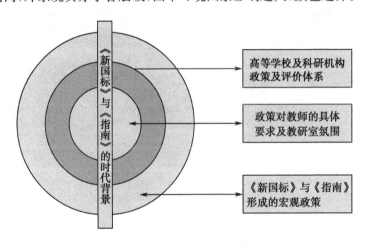

图8-1 俄语教师生态系统对能动性影响图

8.6 结　语

本章以《新国标》和《指南》作为国家语言政策,为中国高校俄语专业构建了教师发展的层级系统,以 Bronfenbrenner 提出的生态系统理论为架构,以访谈和课堂观察的方法研究了中国俄语教师在新的语言政策下的大系统、外系统、中间系统和微系统。研究表明,《新国标》和《指南》构建的大系统一方面成为俄语教师职业发展的一条红线;另一方面又以课程思政等纲领性思想打开了教师的创造性空间。近年来教学改革和新语言政策的提出这一大系统总体上为俄语教师职业潜能的发挥提供了更多的政策支持和外部可能,促进了教师能动性的发挥;中间系统,即高校或科研机构是与俄语教师能动性关系最为紧密的层级系统,教师无一例外地感受到学校政策的约束力和导向性,在与该系统的互动中,教师不断寻找自身发展的空间;俄语教师自身的发展要求和教研室微系统对其发展影响不大,但是教师的主体素质、抗压能力、知识储备等事实上形成了又一个微系统,并对俄语教师的能动性产生了积极或消极的干预和影响。

中国高校俄语教师是一个较为小众的群体,他们的发展和能动性问题鲜有关注。我们希望,本章的研究结果一是能够唤起社会和语言政策制定者对这一群体的关注;二是能鼓励俄语教师个体积极了解最新语言政策,参与政策层面下的教学过程,能够运用有效的方法开阔职业空间,发挥能动性;三是能促进高校及科研机构更好地履行自己的"中介"角色(Hornberger et al.,2007),采取积极的措施为俄语教师能动性的发挥提供便利。

第九章

《新文科建设宣言》语境下俄语教师能动性研究：生态环境视角

9.1 引　　言

能动性是经过社会文化调节的行为能力（Ahearn,2001），是人们做选择、操控、自我调节的能力，使个体追求自身的目标，潜在地引向个人和社会的转变（Duff,2013）。教师能动性是一个持续的社会和专业过程（Ruan et al. 2019；Tao et al.,2017），它与语言教育政策（Ricento,2000；Liddicoat,2018）、机构权力紧密关联（Archer,2007）。

语言政策会形成语言教师能动性发挥的语境，教师的能动性在很大程度上受制于官方话语和主流政策话语（Cincotta-Segi,2009；Ball et al.,2011）。中国非通用语教师能动性与语言政策的关系研究目前仅见 Tao 等（2021）发表的文章。该文基于生态系统理论对中国俄语教师在语言政策的强制力和约束力下寻求自身职业的发展，并与其所处的大系统、外系统、中间系统和微系统互动寻求自身能动性的发挥进行了研究。研究发现，虽然语言政策具有强制性，但是教师能动性仍然得以发挥（Skilton-Sylvester,2003；Ramanathan,2005；Shohamy,2010）。

2020 年 11 月 3 日，全国有关高校和专家齐聚中华文化重要发祥地山东，共商新时代文科教育发展大计,共话新时代文科人才培养,共同发布《宣言》。《宣言》短短2 000多字,从3个方面提出了新文科的任务和使命:① 我们的共识。新时代新使命要求文科教育必须加快创新发展。② 我们的遵循。坚持走中国特色的文科教育发展之路。③ 我们的任务。构建世界水平、中国特色的文科培养体系。

2021年,教育部下发了《推荐新文科研究与改革实践项目的通知》,项目拟定了申报指南,共设置了新文科建设发展理念、专业优化、人才培养模式改革、重点领域分类推进、师资队伍建设、特色质量文化建设研究与实践6个选题领域,22个选题方向。通知下发后,全国高校各学科积极参与申报,共有1 000余个项目获批立项。各高校也积极开展校级新文科建设立项工作,大力推进新文科的研究与实践。

《宣言》是新时代中国外语的教育政策,它的发布为中国的文科教师提出了新的要求,也为俄语教师构成了新的语境,新语境下的能动性值得研究。

从专业设置来看,英语是中国高校的第一外语,俄语专业仅在少数高校存在;从教师群体的人数来看,中国英语教师远远多于俄语教师。在《宣言》构成的新语境下,作为中国文科教师中较小的、较为特殊的群体,俄语教师的能动性问题值得研究。本章将为探讨中国当前语言政策下非通用语教师的生态和职业发展提供启示,对中国其他非通用语教师的研究产生一定的映射作用。

9.2 理论基础与研究现状

9.2.1 外语教师研究的生态系统理论

本章仍将以生态系统理论为基础,研究俄语教师的能动性问题。

Bronfenbrenner(1979)认为发展的个体不仅受到环境的影响,而且不断进入并重构其周围环境;环境与个体相互适应,形成双向的相互作用;环境不仅指当下的情景因素,还包括与这些情景相关的更大的环境。Bronfenbrenner理论中的生态环境是一个同心、嵌套的系统,系统由内而外分别是微系统(microsystem)、中间系统(mesosystem)、外系统(exosystem)和大系统(macrosystem),其中微系统与个体的关系最为密切,向外依次递减。

9.2.2 新文科研究现状

2019年,山东大学校长樊丽明、西南财经大学党委副书记马骁、上海财经大学公共经济与管理学院院长刘小兵、山东大学文学院院长杜泽逊等共同发表笔谈,从空间、时间、动因、核心问题、定位、导向等方面探讨了新文科的理论和实践问题。笔谈实质上确定了新文科的总体方向。此后,学者们对此展开了研究。已有研究从新文科的宏观设计和外语学科的新文科建设两方面进行了回顾。

宏观设计可分为新文科战略意义的思考、学科属性的分析和建设路径的探寻三方面内容。战略意义:周毅等(2019)认为新文科建设是文科人才培养机制的重要举措,指出了新文科建设的战略意义;并认为新文科具有其内涵、目标、特征;以新文科建设为契机可以统筹规划文科教育的新领域和新局面,布局和优化文科教育创新体系。学科属性:张俊宗(2019)立足于中国立场,从学科维度、历史维度、时代维度和中国维度对新文科进行了解读。黄启兵等(2020)研究并提出了我国新文科源于新国情,适应新国情,并区别于其他国家新文科的两大本质特征:一是它是一种自上而下、政府主导的国家工程;二是新文科建设强调对中国传统优秀文化的执着坚守和传承。樊丽明教授的文章兼具学科属性和建设路径两方面,她提出了新文科的时代需求与建设重点,认为新文科是在新科技革命和产业变革的大趋势下提出的,并从宏观上总结了新文科的新任务、新节点和新主张,认为促进文科发展的融合化、时代性、中国化、国际化、服务化是新文科的目标,而新专业或新方向、新模式、新课程、新理论的探索与实践是新文科建设的重点。宁琦(2020)通过梳理发现,新文科是国家与社会在人才培养和知识创新方面的迫切需求,并探讨新文科建设的核心任务、可行路径,培养具有创新能力的融合型卓越人才。

在外语学科的新文科建设方面,如何从整体上规划、建设外语学科是讨论的重点。整体规划强调质量文化和学科特点:吴岩(2021)提出加快推进新文科建设,抓好专业质量、课程质量、教材质量、技术水平4项教学"新基建",促进高质量外语人才培养和教育教学发展;蔡基刚(2021)针对新文科提出了"新外语",并认为新外语的产生首先要改变外语人的传统理念和改革目前高校的学科专业评估体系;王俊菊(2021)思考了新文科对外语专业的影响,提出了自交叉、内交叉、内外交叉、外内交叉等形式,认为可突出"新""跨"

"文"等新文科特点。实现路径方面:刘宏(2021)以美国希拉姆文理学院校长萝莉·瓦洛塔提出的新文科5个方面构建了外语类院校新文科建设的理论与实践问题;郭英剑(2020)从新文科出发,对大外语进行了多维度的概念厘清,提出专门用途语言是新外语最适合的外语学科体系,也是外语跨学科的基石;安丰存等(2021)认为,高等院校外语学科应以外语的不同属性为基础,结合学科自身实际及国家社会需求,因地制宜、发挥优势、凝练方向,寻求外语学科可持续内涵式发展,树立大外语观,开展外语学科内涵形态、专业方向以及人才培养建设;胡开宝(2020)认为新文科实施问题导向、交叉融合、新技术应用和创新性发展的建设路径。

新文科建设对于外语教师的职业发展存在着必然的导向作用,而该领域的研究尚未全面展开,且已有研究多为经验式或构想式研究,未能落实到某一实际的教师群体。该领域的实证研究仅见刘艳等(2021)对于新文科背景下新的商务英语专业教师工作投入量与教学获得感、身份认同感的研究。

由对新文科的研究概览可见,新文科的理念必然带来外语教学职业发展宏观语境的众多变化。对于这一问题需要进行细化、深入、从理论到个案的研究,而这方面的研究较为缺乏,本章正是基于这一问题的实证性思考。

9.3 研究方法

9.3.1 研究设计

本章的研究对象来自中国的3所高校,分别位于北京、海南和厦门(国家级一流学科,俄语专业为国家级一流专业建设点),学校类型涵盖了外国语大学、文科综合类和地方性学院。研究将在3所学校的俄语系、教研室(或俄语学院、俄罗斯东欧中亚学院)进行。中国的外国语大学里俄语教师组成了独立的处级行政机构,下设基础俄语教研室、高级俄语教研室、写作听力教研室等,学院一般由15~30名教学人员组成;文科综合类院校设有俄语系或俄语教研室,一般有8~12名教学人员;而地方性学院仅设有俄语教研室,为学院的下设机构,专职教师为5~8人,没有人事权和科研成果认定权,俄语教研室的课程设置、教学质量评估等也均由学院决定。

本章的研究始于2020年春季,当时关于新文科的讨论已经开始了半年左右,在研究推进过程中,《宣言》正式发布。研究的跟踪访谈截至2021年底,此时关于新文科对外语教师的导向作用已有一些文章发表(见本章 9.2 节),第一批新文科研究与改革实践项目经过通知、申报、遴选、审批,已经正式公示立项,部分高校以此为主题立项了教学改革和研究项目。国内外语界举办了数场关于新文科的学术会议,热议新文科的内涵、主题和建设等话题。新文科倡导的中国特色、学科融合等都成为俄语教师发展的宏观语境,制约或促进了他们能动性的发挥。

9.3.2 参与者

本章的研究采用目的抽样的方法选取受试者。根据 9.3.1 节所述,我们将以来自国内 3 个代表性地区的 3 所高校教师的访谈作为主要数据来源。此外,访谈对象的选取还将遵循以下原则:首先,他们均为熟手型俄语教师,至少具有 5 年的专业教学经验,且至少教授过 5 门本科课程;其次,他们中间有 1~2 位担任过行政职务,因为有行政经验的教师在解释和执行语言政策和教育方案方面发挥着关键作用(Johnson et al.,2015;Cheng et al.,2019)。根据这些原则,我们选定了 ABC 3 名俄语教师进行访谈,其中 A 担任过某外国语大学俄语学院领导职务,还担任国内某俄语教学一级学会的重要职务,且 3 位教师分属于不同的年龄段,自身能动性发挥的微系统有所不同。3 位教师的具体情况如表 9-1 所示。

表 9-1 《宣言》背景下的教师能动性受试情况一览表

教师参与者	性别	所属地区	高校类别	职称	教龄	行政职务	目前所授课程
A	女	北京	外语类	教授	30 年以上	院长	综合俄语 1~4
B	女	厦门	文科综合类	副教授	10~15 年	原教研室主任	综合俄语 3~4
C	男	海南	综合类	讲师	5~10 年	无	俄汉翻译

9.3.3 数据搜集

为了搜集《宣言》语境下教师能动性的数据,我们采用了半结构式访谈和课堂观察两种途径。由于教师能动性具有动态性、复杂性和持续性,因此需要搜集教师在长期教学经验中形成的能动性信息,课堂跟踪和观察为这类信息的搜集提供了可能。两类数据的分布为:课堂观察每位教师 6 次,平均每学期3次,观察新的语言政策对俄语教师能动性的实际影响;半结构式访谈每位教师1~2小时,访谈提纲将根据《宣言》所构建的微系统、中间系统、外系统和大系统展开,探讨新的语言政策对俄语教师能动性的制约或促进作用以及他们在政策制定和政策变化中所发挥的作用,他们在教学中自主决策的能力,以及他们在《宣言》语境下进行教学改革的自由度。访谈的问题均为开放式,教师可以谈论他们对《宣言》的理解,以及他们的教学活动及教学模式、心理状态的变化,以此为我们的研究提供更多的信息。

9.4 数据分析

9.4.1 《新文科建设宣言》大系统下的俄语教师能动性

从提出的宏观环境来看,《宣言》是在教育部新文科建设工作组主办的工作会议上由全国知名的文科教育专家提出的,教育部高教司原司长吴岩就此发表了讲话。在《宣言》框架下,教育部发布并评审了第一批全国性的新文科建设项目。为了解读《宣言》,国内多所著名大学的文科院系院长或学科带头人发表了笔谈、讲话或论文(见本章9.2.2节)。可见,《宣言》并非民间的倡议,而是具有官方性质的中国教育政策文件,该政策的影响力极强,全国高校文科院系均努力贯彻宣言的精神。

从强制力来看,《宣言》中使用的情态词和高频关键词主要有判断性和建议性两类,均表现出不容置疑的强制力。其中判断性情态词表示说话人对某一命题或提议是否可能或是否可行的判断。这种评价可包括对某一命题或提议的肯定性、可能性、或然性等方面的评价。例如:

(1) 丢弃传统,就是自断根基;不求创新,必然走向枯竭。

建议性评价表示说话人的判断是某事具有一定的重要性或必要性而应该付诸实施,以此提出某种建议,提议采取某一行动或做某一事情。

(2) 新科技和产业革命浪潮奔腾而至,社会问题日益综合化、复杂化,应对新变化、解决复杂问题亟须跨学科专业的知识整合,推动融合发展是新文科建设的必然选择。

(3) 要坚持以习近平新时代中国特色社会主义思想为指导,不断提高高校文科教育的时代性、科学性和创造性。

(4) 要根据各自学科专业特点,结合行业领域特定问题,促进八大学科门类特色发展,实现文史哲促人修身铸魂、经管法助力治国理政、教育学培元育才、艺术学美人化人。

从内容来看,《宣言》强调价值引领、模式创新和学科融合,前者与国内多项教育政策,如《新国标》和《指南》所提出的"课程思政"相吻合,后者则对教师的科研和教学模式创新提出了较高的要求。

关于价值引领,《宣言》指出:

> 牢牢把握文科教育的价值导向性,坚持立德树人,全面推进高校课程思政建设,推动习近平新时代中国特色社会主义思想进教材、进课堂、进头脑,提高学生思想觉悟、道德水准、文明素养,培养担当民族复兴大任的新时代文科人才。

关于模式创新和质量文化,《宣言》指出:

> 以培养未来社会科学家为目标,建设一批文科基础学科拔尖人才培养高地。聚焦应用型文科人才培养,开展法学、新闻、经济、艺术等系列大讲堂,促进学界业界优势互补。聚焦国家新一轮对外开放战略和"一带一路"建设,加大涉外人才培养,加强高校与实务部门、国内与国外"双协同",完善全链条育人机制。
>
> 坚持学生中心、坚持产出导向、坚持持续改进,构建中国特色的文科教育质量保障体系,建设文科特色质量文化。

关于学科融合,《宣言》指出:

> ……应对新变化、解决复杂问题亟须跨学科专业的知识整合,推动融合发展是新文科建设的必然选择。进一步打破学科专业壁垒,推动文科专业之间深度融通、文科与理工农医交叉融合,融入现代信息技术赋能文科教育,实现自我的革故鼎新,新文科建设势在必行。

《宣言》成为《新国标》和《指南》以来又一中国高校教师发展的宏观语境,这一语境同样具有强制性和约束力。同时,《宣言》对新时代的高校文科教学与科研指出了课程思政、质量文化、学科融合和模式创新四大方向,进而对文科专业教师的发展产生指导性的影响;然而,作为权力结构的一部分,政策虽然有时被教师所忽略,但是对于那些积极追求自身职业发展的教师来说,也可以为教师机构创造空间(Hornberger et al., 2007)[527],这在3名俄语教师的访谈和课堂观察中得以验证,《宣言》的四大方向还可能成为俄语教师能动性发挥的契机。C主要谈到新文科项目、学科融合和信息技术赋能新文科的体会:

> 现在从上到下形成这样一种学科融合的趋势,而且学校对政策的反应比较灵敏,如现在学校在做重点学科建设,整合学校的一些学科进行交叉融合。外语学科做了五个方向的融合,包括外语与现代服务业、法学、国际商务和管理学的融合等,我们俄语专业在海南主要是融合现代服务业,尤其是旅游。

在政策的背景下,C参与申报并获批了2021年的新文科项目,获得了一定的经费支持,可以在这个框架下做研究。

《宣言》的学科融合要求跳出舒适区,如学生基本上不再用纸质版词典,他们的词汇学习、语法学习怎样开展,我们怎样去融合语言教学和技术层面,在思考这些问题的过程中,C自身的教学技能也得到了提升。

A因为担任俄语学科的带头人,对于学科融合、模式创新和课程思政都有较深的体会:

> 我能够感觉到《宣言》的精神确实是势在必行的。我们学校是一个以外语为主的院校,每一个教学单位内部在教学理念、教学安排和教学模式方面都受到《宣言》的影响。

> 从打破学科壁垒来说,首先是文科专业之间的融合,如学校跟政法大学签订的外语和政法融合的战略合作协议。还有学校内部的融合也在开展,如101种外语语种和国际商学院的国际商务金融学、会计学等学科,以及和国际新闻传播学院、中国语言文化学院、法学院等都进行了深度融合。

> A学校的俄语和国际商学院的金融学交叉,开展了两年招生的尝试,取得了一定的效果。文科和理工农医交叉融合,在A的外语类院校主要是体现在融入现代信息技术方面。

学校在这方面发挥了导向作用，A自己也开展了很多的教学改革，在申报和开展教学改革项目的过程中，个人的教学创新能力得到了提高。

在修订获得国家优秀教材奖的《大学俄语（东方）》时，贯彻课程思政的原则，把修身铸魂融入教材编写理念中。如篇章的选择，A及同事们在每一课重新梳理篇章时，都会注意寻找其中的思政点，有的课文教授学生正确的世界观、人生观，有的课文教授学生中华民族优秀美德的传承，如尊敬老人、爱护孩子等，这些都是社会主义核心价值观的体现。教师在教材语篇选择的过程中也会找到教材研究、教学方法提升的很多契机。

B则更多关注了新文科中的"课程思政"给教师们带来的机遇，以及大类招生给俄语专业带来的新变化：

> 我们俄语教研室一位老师结合自己的"俄语国家概况"课程申请获批了学校的课程思政项目。立项后，她把思政的内容融入教学中，学生的接受程度很高。

> 我们学校的大类招生已经实行两年了，之前俄语专业在几个非通用语种中第一志愿率最低，现在我们的招生情况反而好转了。

三位俄语教师都对《宣言》进行了自己的理解，并认为这一语言政策是一种自上而下的趋势，是势在必行的，自己的潜力和创造力发挥和这一框架的导向紧密相关。三位教师均谈到，在《宣言》框架下，个人或小集体的能动性在不同方向上得到了发挥。C在《宣言》提出之前就关注机器翻译和翻译本地化等内容，因此，在《宣言》框架下不仅协同学院成功完成了新文科项目的申报，而且结合俄语翻译教学的现状，开发了在线批改翻译作业并与学生互动的系统。在C的课堂观察中也可以看到他使用自编的翻译教学软件，特别是在疫情之下的在线教学中，这种教学方式明显提高了学生的课堂参与度，教学效果良好。且C课堂上会把在线批改翻译作业的情况展示给学生，学生一般不会再重复犯之前的错误。

A作为某外国语大学俄语专业的带头人，对于三个方面均有关注，其中对于学科融合主要关注了在本校的实施情况，以及俄语专业如何与其他学科交叉从而提高核心竞争力的问题。对于课程思政，她以俄语专业的规划教材为例，谈到了新文科精神引领下俄语教师在教材编撰过程中可以提升和创新的空间。从对A的课堂观察也可以看出，她对于每一篇课文都会提出独到的思政教学点,学生在她的课堂上也会主动用俄语讲述自己对尊老爱幼、爱国主义等的看法和体会,口语词汇量大大丰富。

B对于新文科精神带来的课程思政和大类招生感触较深:一方面,思政内容提高了教学效果;另一方面,大类招生改善了俄语专业的招生情况,从而触发了俄语教师的工作积极性,创造力也得到了提升。B的课堂也着力挖掘课程思政的元素,但是思政内容仅仅涉及爱国主义、制度自信等,对于道德情操、情怀素养等内容的挖掘则相对较少。

因此,三位教师均感觉到政策不仅具有一定的强制力,而且能对教学形成指导,为课堂教学和教学研究提供新的契机和空间。这说明俄语教师对《宣言》总体反应比较积极,解读深入,《宣言》也形成了俄语教师自身能动性发挥的较为广阔的空间。可见,《宣言》具有双面性,一方面,其颁布和执行规定了这一时期俄语教师教学科研的宏观框架,教师能动性必须在这个框架内展开和发挥;另一方面,语言政策的新提法(如学科融合、课程思政、模式创新等)也为教师的教学实践创新提供了新思路,教师在顺应政策的同时不断寻求新的职业发展空间,结合原有知识积累,发挥自身潜能,获得职业发展。

9.4.2 《新文科建设宣言》外系统下的俄语教师能动性

本书前面阐述了外系统的定义,由定义可知,《宣言》形成的俄语教师职业发展的外系统并不直接包含教师本身,但是会对教师发展和居住的环境产生间接的影响。对于中国俄语教师而言,从2019年《宣言》开始讨论至2021年就是该政策形成的外系统。这一系统包括中国国家教育部颁布的涉及高等学校、人文学科和外语教育的各项政策,国内外教育专家针对文科专业的课程设置、教学模式等的笔谈和讲话,如本书2.1节提到的山东大学原校长樊丽明等几位专家共同发表的笔谈,以及两年时间里中国俄语教师面临的国内、国际环境和重大事件,如2020年颁布的高等学校课程思政建设指导纲要,2020年国内和国际新冠肺炎疫情带来的线上教学和线上课程项目申报等。

三位被访教师均认为,从新文科的主旨精神发起讨论到《宣言》颁布的两年时间里,国内外环境所构成的外系统对自身或周围俄语教师能动性的发挥起到了一定的促进作用。

C 认为：

对我来说，近年来自身能动性的发挥要优于入职之初的几年，比如科学研究方面，我们的学术背景没办法去研究翻译理论或者一些高层次的内容。但是目前的国内大形势下，我们在技术层面的优势可以得到发挥，如果能把这些语言与技术交叉的问题深入去研究和挖掘，科研上也会有所收获。

B 认为：

这几年国家的教学和课程类项目增加了，这给我们开辟了科研之外的另一条路径。比如我们以一流专业为基础，申报了思政专业，获得了一定的经费支持。根据项目的设计，我们要在课程中增加一些中国元素。前几天我听了外研社的在线讲座，很有感触，准备自己做一些线上线下混合课程，参加明年的课程项目申报。

A 认为：

我个人觉得在这两年的大环境下，俄语教师的能动性肯定是更容易发挥了，因为从根本上来看，我们俄语老师的能动性，在于语言教学和科学研究两方面。在《宣言》颁布过程中，大家都在积极地拓展自己的学科领域，以前教师们都是语言文学方向的，但是这几年大家都在探索语言＋专业的研究方向。学院引进的年轻教师也呈现专业多样化趋势，有艺术学、历史学、国际关系，甚至是经济学等。他们对学科融合，特别是人文学科内部的融合，打破文科内部的壁垒，起到重要的作用。因此，这两年的大环境，尤其能够触发年轻教师的潜能，他们的主动性和能动性得到了更大的发挥。

A、B、C 的访谈话语表明，从国家政策和近两年的时代背景来看，俄语教师的可为空间在逐渐增大。针对国家新文科的提出，各学校的人事政策、科研政策都发生了相应变化，如吸纳一些非语言文学方向的年轻教师进入俄语专业从事教学科研，促进打破文科的学科壁垒；国家的教学评价更加多元，结合信息技术和思政内容的"一流课程"申报成为教师职业发展的新增长点,所有这些都为俄语教师,特别是青年俄语教师的潜能发挥提供了很好的支撑。但是B也谈到,教研室有些老师因为事情多,精力有限,没有参与一流专业和思政专业的申报,也没有申报各类新文科的项目,对于线上线下结合等新的教学模式也不太愿意接受,说明外系统的变革对于教师能动性的促进还需要在和教师自身个性化因素的互动中产生作用。

A和C均谈到,在这两年的外系统下,年轻教师的能动性发挥最为明显,B也参与了新文科建设,而她本身也是年轻教师,A还谈到不同专业领域教师在学术研究中的能动性发挥问题。可见,从《宣言》开始讨论至2021年的两年里,俄语教师能动性的发挥和年龄、学历背景也存在着一定的关联。年轻的、多学科背景的俄语教师更加勇于打破原有的语言文学教学方法和研究路径,从而实现自身的潜能和价值。因为不同年龄教师会有不同的身份认同,某些身份会使主体采取有意义、积极的行动,另一些身份则会产生抵制和转变的效果(Miller,2003)。

9.4.3 《新文科建设宣言》中间系统下的俄语教师能动性

中间系统主要指教师授课的课堂、家庭以及院系团队等之间连接而成的系统(Bronfenbrenner,1979)。在实际研究中,中间系统还包括教师共同体等职业组织,它在教师职业发展中发挥的作用相比大系统和外系统更加具体。本章的中间系统主要讨论《宣言》发布期间及发布以后学校作为教师管理和评价体系制定的最主要实体,对于俄语教师能动性的促进或阻碍作用,其中包括学校职称评审、项目发布和经费支持等内容。例如:

C谈道:

> 关于习近平新时代中国特色社会主义思想进教材、进课堂、进头脑,学校采取了一系列措施,也发布了一些教学和教材类的项目,我也参与了类似项目的申报,这些措施和项目无疑是促进了俄语教师能动性的发挥。但是《宣言》的某些精神并没有纳入学校的评价体系中,如"加强高校与实务部门,国内与国外双协同",比如我们会努力扩展校企合作的实习基地等,这些工作和职称评审是不能挂钩的,所以一般老师的积极性也就不高。

B 谈道：

针对《宣言》提出的"双协同"我们一直在做，如我们俄语系的同事们给学生联系了很多实习基地，现在也形成了每年给外交部输送学生的良好传统。但是这些工作，学校只给辅导员和行政人员算业绩，给教师是不算的，跟职称评审之类的也不挂钩，我们的积极性也纯粹出于对学生的责任。因此，我认为，不管国家政策如何，学校政策都是更能激发自身创造力的。

A 谈道：

我们学校对于课程思政还是有非常多的鼓励措施，有专门的教学改革项目，习近平新时代中国特色社会主义思想进教材、进课堂、进头脑项目，还有一些这方面的比赛。我参加了一本思政教材编写，就是《俄语演讲教程》，这是以《习近平谈治国理政》的篇章作为选材的一本教材，学校把这本教材认定为课程思政项目的结项成果，在年终考核时等同于专著。《宣言》的精神最后要在学校层面得到落实，学校给予一定的鼓励措施，我们教师的积极性才能真正地调动起来。

三位被访者都谈到，他们直接或间接参与了课程思政项目，B 和 C 对于"双协同"也有着切身体会。但是学校对于课程思政和"双协同"的措施和政策不同，两项精神对于俄语教师积极性的调动作用也相差很大。课程思政在 A、B、C 的学校均作为项目立项，无疑是纳入学校评价体系之内的，所以教师的积极性很高，也发挥了极大的创造力，其中 A 编写的《俄语演讲教程》就是这方面的典范。而"双协同"的精神在 B 和 C 的学校均不和职称体系挂钩，因此教师们的积极性也就不高。从 B 和 C 的课堂观察也可以看到，教学内容的安排并没有秉持和产业挂钩的原则。C 的学校打造俄语和旅游交叉的特色，但是课堂教学还是以传统的语法和词汇为主，俄语＋旅游的内容所占比例不高。

以上的数据分析说明，大系统和外系统为俄语教师打开的空间需要通过中间系统的政策和措施来实现，教师教学和工作方式的选择也主要取决于中间系统。如"课程思政""三进工作""信息化教学"都得到了各高校的普遍支持，也成为教师晋升的一部分，这些政策激发了俄语教师在教学模式、教材编写、科学研究等方面的创造力。但是《宣言》的精神如果未能和学校政策相结合，俄语教师对此的反应可能主要取决于自身的责任心，那么大部分教师不会选择在这方面进行扩展。可见，中间系统一方面对接大系统和外系统，另一方面直接约束和导向教师的行为，与教师能动性的关系最为密切。

中国俄语教师所处的中间系统因为各自的高校类型而有所不同。在外国语大学，俄语教师的职业需求虽次于英语教师，但是总体的教学评价、项目申报和论文发表等具有较大的空间。在新文科建设中，外国语大学对于国家政策的响应也最有利于俄语教师，如A谈到她所在的外国语大学，从教学来看，获批了国家一流专业和思政专业；从发展机遇来看，该校俄语专业编撰修订了大量国家级规划教材；从科研平台来看，该校创办了两份俄罗斯研究和斯拉夫研究的杂志，分别在国内和国外发行。B所处的文科综合类高校仅次于外语类大学，该校也获批了国家级一流专业，有一定的经费支持，有利于开展教学改革和创新，能够发挥教师的积极性和创造力。理工类高校和职业院校的俄语教师发展最为受限，虽然《宣言》提出的"双协同"等方针为这一群体的职业发展提供了新的延伸空间，但是这类活动因为学校的行政力量而不被认可，所以俄语教师的能动性也受到限制。因此，如果说俄语教师与大系统和外系统是互动的关系，那么他们和中间系统则主要是顺应，即使是国家政策为他们提供的发展空间，如果学校政策不予认可，只有少部分人会纯粹出于对学生的责任而发挥自身的能力，大部分人选择与学校政策顺应与妥协。

9.4.4 《新文科建设宣言》微系统下的俄语教师能动性

根据Bronfenbrenner的观点，生态环境是一个同心、嵌套的系统，处于最内圈，也是最核心地位的就是微系统，大系统、外系统和中间系统都要通过微系统而发生作用。微系统指个体身处的当下环境以及环境中与个体直接地或面对面交互作用的各种人或物之间的关系，是主体参与人际交往的直接环境。本章将《宣言》精神指导下的中国俄语教师自身建设和心理因素，以及俄语系或教研室微观环境、家庭关系、同事关系等作为微系统的考虑因素。《宣言》对文科教师提出了学科融合交叉、课程思政、模式创新、质量文化等新要求，还提出了习近平新时代中国特色社会主义思想进课堂、进教材、进头脑等，但是俄语教师的学术舞台本身就很小，从他们的心理感受来看，无疑是机遇与挑战共存。

C 谈道：

从政策导向来看，今后很长一段时间内会更加重视教学，这种政策会传导到一线教师身上，老师花在备课和教学内容整理、教学设计的时间会更多，当然这是一种压力，但是从长远来看，这种挑战也是机遇。职称晋升是我近几年的奋斗目标，我可以在《宣言》的精神中寻找机遇，如整理一些思政素材，建立一个思政资源库，申报新文科类的其他项目等。

A 谈道：

随着国家新的教育政策出台，我教的阅读课也经常换教材，不光换教材，很多阅读文章都需要现找。教材不变难以适应时代的要求，教材换了又导致教师被动，经常备课，这种情况对我来说是个很大的挑战，但是挑战也是促进，我很享受这个过程。

B 谈道：

新文科语境下，我觉得俄语教师相比其他专业不太乐观。想要实现学科交叉还是挺难的，因为别的专业并不需要和小语种交叉，但我们还是坚持在一点点地努力着。科研压力也挺大的，其他专业跟公司企业合作申请纵向和横向科研项目，获得了一些经费支持，而俄语教师在这方面明显处于弱势。

关于教研室和同事关系等对于自身能动性的发挥，只有 A 认为存在促进作用，B、C 均认为没有什么影响。

A 认为：

大家虽然还没有特别关注《宣言》的发布，但是我们倡导的工作其实是和《宣言》契合的。我们把之前的教研室按课型分成了 10 个课程组。课程组不仅要集体备课，还开展教学研究。如我参加的阅读课程组，分享提升阅读能力的经验，以及围绕阅读课可以开展的教学研究，在讨论中会发现更多的教学研究选题。这些活动对老师的潜力发挥肯定是有促进作用的。

而 B 则认为：

> 俄语专业在学院或者整个学校来说都比较冷门，比不了德语、法语等专业。俄语教师们都在想方设法让学生能够喜欢这个专业，比如这几年都在带着学生做夏令营、戏剧节等，大家都很累，也就顾不上集体备课或者组织科研团队了。

C 对于小集体的微观环境有如下看法：

> 专业协同更多地流于形式，因为大部分人都各自做自己的事情，这种教师协同的集体在目前的科研生态和管理生态之下作用不明显。

一方面，从教研室规模来看，中国俄语教师是高校里相对较小的群体，他们的教研室人数和所在学校的类型有关，A 所在的外国语大学有专门的俄语学院，教师为 30 人左右，B 所在的大学有俄语教研室，教师为 10 人左右，而 C 所在的职业学院，俄语教师只有 3~5 人。通过访谈数据可知，俄语教师人数最多的 A 所在集体教研活动最为丰富，因为他们可以有多种组合方式，活动内容也和《宣言》精神最为契合。B 和 C 的教研室或因为专业生存问题，或因为研究方向不一致，无法形成真正的教研室氛围和文化，对于个人潜力的发挥也无法起到促进作用。

另一方面，教研室微观环境对于俄语教师能动性的作用也和教师本身的性格、职业经历紧密相关。A 因为处于学科的领导地位，相比 B 和 C 也更加年长，参与国际国内的大型教学、学术活动较多（如担任国家级规划教材的编委、国家级教学比赛的评委等），经历丰富，眼界开阔，看问题的视角会更加积极，参与意识更强。而 B 和 C，虽然没有感受到教研室微观环境的积极作用，但是由于自身性格的积极向上和坚韧不拔，也取得了很好的成绩。B 的俄语语言功底深厚，在承担家庭和孩子教育等重任的情况下一直没有放弃科学研究和教学创新，在国内一流高校激烈的竞争环境下成为教研室最年轻的副教授。C 虽然身处职业院校，但是积极参与新文科、课程思政等项目申报，并努力使自己的教学对接信息化技术，开发了翻译教学的应用软件，受到学生的好评；使自己的研究对接国家的"自贸港""大湾区"等经济政策，获批了多项省部级课题。

可见,虽然国家颁布了《宣言》等促进教师积极性的政策文件,但是中国俄语教师能动性的微观环境仍然因高校和个人而异。外国语大学的俄语专业一般都形成了单独的行政建制,教师群体较成规模,可以开展各项针对国家政策的教研活动,这些活动对于教师自身价值的提升具有促进作用。而大部分身处综合性、理工类或职业院校的俄语教师,因为学校的关注度低,还处于专业存续和自身晋升的焦虑中,教研室微观环境更多地流于形式,这一群体创造力的发挥主要依靠他们自身克服困难、坚韧不拔的精神。

9.5 讨 论

从生态系统理论来看,教师能动性的发挥需要考虑到教师的工作和生存环境、过往经历和个人能力等方面因素。能动性是通过参与特定的时间和情境而实现的,教师做出的能动性"行动"受到个人经历和环境机会的影响。根据这一观点,能动性受过去的影响,面向未来,并在特定的时间、地点得以实现。Priestley等(2013)指出的"什么是能动性?"并不重要,我们更多应该关注的是"能动性是如何实现的?"和"能动性在何种情境下得以实现?"的问题。

本章将能动性视为一种生态现象,它往往取决于经验、环境和关系等方面的相互作用,能动性的实现需要借助具体情境,而不仅仅是教师个人能力。为了探索这些影响,我们以 Bronfenbrenner(1979)的生态框架为依托,从宏观、中观和微观因素来探讨中国俄语教师的《宣言》环境下的能动性问题。

从宏观层面来看,中国俄语教师对《宣言》形成的大系统具有较高的参与度。也就是说新的教育政策在中国俄语教师身上得到较强"投射"和"实践共鸣"。虽然他们在参与方式和参与程度上有所不同,A作为学科带头人参与度较高,参与的项目也最多,C积极参与了信息化教学和新文科项目的申报,B作为团队成员,参与了大类招生政策的实施和一流专业的申报和建设。但是他们的共同点在于和团队一起,形成了新文科精神贯彻执行的重要力量。

《宣言》从讨论、发布到贯彻实施经过了两年多时间,其形成了中国俄语教师能动性发挥的外系统。在这两年里,由结构、资源所形成的社会文化动力(Lasky,2005)在宏观层面支持着中国俄语教师能动性的发展。课程思政、新文科、一流专业等项目的设置为俄语教师提供了科研以外的新的发展模式。根据这一模式,大部分教师,特别是年轻教师积极挖掘自身的潜力,促进自己的职业发展,也有少部分教师没有参与《宣言》提供的创新改革。

中观层面我们聚焦于中国的高校。学校的文化、结构和学科特色等因素对中国俄语教师的影响最为明显。因为宏观政策对教师,特别是其所在教育机构的限制最为明显:传统意义上,LPP赋予上层执业者能动性,但对于基层(地方性)执业者(如教师、学生、家长),要看语言政策文件中如何限制他们的能动性(Liddicoat,2018)[149];一些宏观的意识形态或政策对学校来说是难以逾越的(Johnson,2010)。另外,教师能动性会随着情境的变化而迁移,因此各类学校的俄语教师能动性也不尽相同。根据访谈可知,在中国,外国语大学的俄语教师具有最为有利的能动性发挥空间,他们在评价体系、教学规模、科研平台等方面均优于其他高校教师,他们围绕《宣言》所开展的工作也最容易得到学校的认可,因此,这类学校的俄语教师参与度最高。中国的文科综合类高校为俄语专业提供的发展空间次于外国语大学,但是对于《宣言》提出的改革精神也有一定的促进措施。理工类高校和职业院校对俄语专业最为忽视,俄语专业在这类院校甚至随时有可能停办,因此该群体的积极性和能动性的发挥也最为困难。

本章的微系统聚焦于2个方面:俄语教师的教研室环境和自身因素。研究发现,俄语教师的教研室环境也因学校类型而不同。教研室对于俄语教师能动性的促进作用依次为外国语大学—文科综合类高校—理工类高校、职业院校。良好的教研室环境有利于教师理解《宣言》精神,形成教学改革实践的共同体,其教师自身的职业发展具有促进作用(文秋芳 等,2019)。教师自身的经历和性格等因素对于教学改革环境下的能动性发挥同样具有重要作用。3位被访教师均具有积极向上的性格特征,也都在《宣言》提出的教学改革中取得了一定的成绩,其中B和C拥有坚韧和拼搏的性格,在较为不利的中间系统中仍然能够发挥自身能动性和创造力,从而实现自我的职业发展和提升。

通过研究我们发现,虽然个别教师的能力发展对国家教育政策具有一定的贡献,但是个人能动性的发挥离不开他所处的机构和文化条件(Priestley et al.,2013)。《宣言》的实施和切实推进也必须借助高校的政策,可以认为,中间系统,即高校在微系统和大系统、外系统的联系中发挥着纽带的作用。教学改革的领导者,尤其是机构层面,需要充分理解政策文件,解决机构层面阻碍教师能动性发挥的问题,实现政策在不同背景下的运作和实施。有效的教育改革实践依赖于机构,机构的政策和文化对于改革的成效可以产生促进或阻碍作用。《宣言》背景下中国俄语教师能动性发挥的生态环境如图9-1所示。

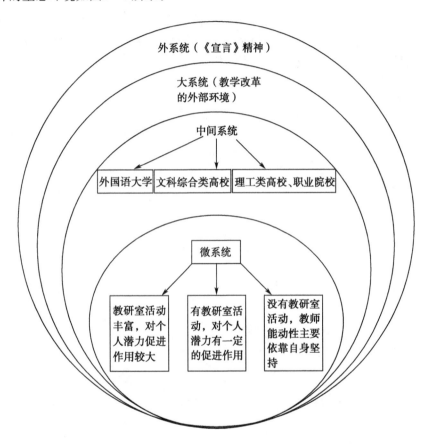

图 9-1 《宣言》背景下中国俄语教师能动性发挥的生态环境

9.6 结　语

近年来,中国教育部提出发展新工科、新医科、新农科、新文科,推动全国高校掀起一场"质量革命",这是一场全国性的教学改革运动。作为传统的人文学科,俄语专业以《宣言》为指南,开展了课程思政、学科融合等教学改革和项目申报,俄语教师的能动性问题也得以凸显。作为一名工作在一线的俄语教师，笔者对于俄语教师能动性具有深入的具身体验，而生态系统理论的嵌套式系统又为这一问题的挖掘提供了多维的框架，因此，本章的研究是立体、全面、嵌入式的。研究可在一定程度上填补中国非通用语教师能动性研究的空缺，切实探寻这一群体面对语言政策的职业发展空间。研究的局限性有二：一是未能进行充分的课堂观察（由于疫情影响，异地调研和搜集数据都很难开展）；二是缺乏多语种教师的研究。因此，未来尚需开展多语种教师的能动性研究，研究中需要进行多维数据的互相印证。

第十章

结论与展望

中国俄语教学是随着新中国和中苏建交而诞生的,俄语是新中国外语专业中历史最悠久、传统最为深厚的语种和专业。而中国共产党俄语教育则可以追溯到更早的上海外国语学校。俄语专业曾经为党和新中国培养了一大批赴苏留学的政治、经济、军事和特种技术人才,在中华民族伟大复兴的道路上发挥了不可替代的作用。第一代新中国俄语教师历经了70余年的时代变迁和几代传承,如今在建设高质量"一带一路"和人类命运共同体中,在中俄全面战略合作伙伴关系的建设中又一次发挥着重要的作用。新中国俄语教学萌芽、发展的70余年,俄语教师经历了中苏关系蜜月期、中苏关系复杂期,进入21世纪以来,特别是在习近平主席提出"一带一路"倡议以来,中国俄语教学进入了一个快速发展期。本书以人本主义的社会文化理论和生态系统理论为基础,较为系统地探讨了70余年中国俄语教师和环境互动,寻求职业发展的重要理论、实践问题,力图构建中国俄语教师发展环境的历时与共时交织研究的理论视角、研究范式和实践探索的有机统一体。

本书由3部分组成,第一、二、三章为全书的理论基础部分,分别阐述了研究的缘起和价值,新中国俄语教师生活、工作环境的总体状况和国内外教师发展环境的研究现状。第二章为读者理解中国俄语教师职业发展环境的特殊性及其与国家政策、中苏(俄)关系的紧密关联奠定基础;第三章对国内外40多年人本主义视角下的教师发展环境研究进行了述评,指出人与环境关联的复杂性,人不能孤立于环境而存在,论证了人本主义环境观和与此相适应的质性研究方法的合理性和科学性。在大量回顾国内外社会文化理论视角和生态系统理论教师研究文献的基础上，提出对中国俄语教师这一群体开展科学方法和人本主义研究的可行性和必要性。

第四至第九章为本书的主体部分，第四章以历时的视角，根据老中青三代俄语教师的访谈数据，探讨了新中国70余年三代俄语教师的发展生态系统问题。第五章以生态系统理论探讨新中国第一代俄语教师与环境的互动、顺应与博弈，由于这一代俄语教师大多年事已高，本章以4位资深俄语教师的访谈、回忆文章和口述为数据来源，研究描写了新中国成立17年间俄语教育的起步和发展，再现了新中国第一代俄语教师对教育事业的热爱和情怀。第六章研究中苏关系复杂期的俄语教师职业发展，本章以经历过该时期的三位俄语教师的叙事问卷为数据来源，分析了他们在中苏关系复杂期的情感问题，并从生态系统理论的4个层次研究他们的正向、负向和混合情感可能的形成因素。第七至第九章研究新时代中国俄语教师发展环境问题。第七章以社会文化理论的最近发展区和过往情感经历为基础，研究了两名新入职俄语教师的不同职业适应过程。研究发现，相比海归博士，本土博士毕业的俄语教师由于学习与工作环境的相似性能够更快度过"高原期"而进入"向前发展期"。第八章和第九章探究新时期语言政策变化与俄语教师的能动性问题，均以生态系统理论为基础。这两章的语言政策背景分别为《普通高等学校本科专业类教学质量国家标准》（《新国标》）、《普通高等学校本科外国语言文学类专业教学指南》（《指南》）和《新文科建设宣言》（《宣言》），两章的数据来源分别为教师访谈、课堂观察和微信聊天记录。研究发现，最新颁布的语言政策形成了中国俄语教师职业发展的宏观框架，俄语教师总体上能够顺应政策，积极寻求自身的发展和能动性的发挥，但是也有部分教师对政策较为忽视。从生态系统的4个层次来看，中国高校作为教师晋升、评价体系等政策的制定者，在国家语言政策背景下对俄语教师能动性的作用最为明显，国家语言政策打开的空间有可能因为学校的某些政策而关闭。总体来看，第四至第九章遵循人本主义的思想，从不同视角探讨了不同时期的俄语教师发展问题，从不同研究问题（如教师能动性、教师职业适应、职业发展等）切入中国俄语教师的职业和生活，探究了来自不同年龄、不同学校、不同地区的俄语教师与环境互动的规律，揭示了俄语教师人文素养和多元环境因素直接的互动以及环境对教师专业发展的促进或限制机制，研究了俄语教师职业的顺应、应对等复杂的认知和实践问题。

本书的最大特色就是聚焦于中国俄语教师群体,他们的职业发展环境具有本土化的特征。按照生态系统理论的观点,微系统,特别是个体因素对教师的职业发展具有核心作用,因此,根植于中国传统社会文化的中国俄语教师性格对于他们的职业发展具有核心的影响力。本土化的研究不仅为构建我国非通用语教师发展环境和国际同行对话提供了实证依据,而且在当今国家提倡构建"小语种+"的外语学科背景下对于推动小语种教师发展和优质环境创建具有重要的社会启示意义。

首先,教师自身应加强主体意识。俄语教师的职业发展舞台相比其他专业较小,面对入职之初的不适应,面对学校晋升和评价体系的重重困境,教师应增强韧性,调整心态,坚守教学一线,积极顺应国家教学改革的措施,寻找自身能动性发挥的立足点,在与环境的积极互动中通过深度学习解放思想,完善自我,不断适应社会和教育政策的变革。作为研究者,一方面我们应凸显主观能动性,另一方面,我们应具有社会责任感,时刻关注国家语言教育政策的变化和教师的生活世界,关注人与环境的互动,进而将自己的研究推进到教师与环境交互作用的内部机制,并揭示多因素联合作用下教师发展环境的系统变化规律。

其次,期盼高校能够关注非通用语教师这个较为特殊的群体,构建多学科、多语种协同发展的进取型学校和学院文化。学校还可以着力倡导积极向上的教学科研风气,使得教师人格、职业幸福感和教学科研成效感明显增强,鼓励越来越多的教师投身教学改革和研究,并为教师学习共同体提供政策支持和服务。另外,在国家"四新"背景下,学校还可以着力打破学科壁垒,让非通用语教师摆脱边缘学科束缚,着力融入主流学科,从而增强自身的学校主人翁意识,进而促进自身发展。

作为国内关注非通用语教师的首创之作,研究还存在一定的可提升空间。

首先,本书重点关注了中国俄语教师的职业发展、职业适应和能动性问题,而俄语教师作为一个独立的特征性群体,他们在与环境互动的过程中会表现出所有的情感和特征,如韧性、幸福感、职业认同、职业焦虑和挫折感等,全面研读国内外相关文献,对这些特征进行深入挖掘对于全面认识中国俄语教师群体与环境的互动具有重要意义。

其次,作为一项历时研究,由于历史数据搜集的困难,本书对于中苏关系蜜月期和复杂期的教师研究采用了部分回忆录文献,在研究方法上也未能做到三角印证,这无疑在一定程度上限制了研究结论的说服力。进一步挖掘一手数据,并对数据进行科学的编码和阐释将是未来研究的又一着力点。

最后,本书把中国俄语教师作为一个特征性群体进行研究,考虑他们与环境的互动,但是未能把他们放在与其他语种教师的对比和互动中进行研究。事实上,新时代的一批俄语教师精通英语,还有一些兼通乌克兰语、白俄罗斯语等斯拉夫语言,这批复合型人才可能在职业发展中具有特别的优势和潜能。对于他们的研究也是响应国家"新文科"和"小语种+"倡议的需求,值得我们在未来的研究中进一步关注。

总之,本书关注教师对于创造和改善自身发展环境的能力,力图以质性的方法细致描绘、深入挖掘新中国俄语教师在各时期与环境的互动、顺应与博弈,从而实现对这个群体从理论到实践的立体化研究。基于研究,我们呼吁教师自身和学校、学院全方面探索和构建有利于该群体发展的生态环境,走出职业"高原期",走向"向前发展期"。

参考文献

英文文献

Ahearn L M, 2001. Language and agency[J]. Annual review of anthropology, 30: 109-137.

Ahn K, 2009. Learning to teach within the curricular reform context: a sociocultural perspective on English student teachers' practicum experience in South Korea[D]. Pennsylvania: The Pennsylvania State University.

Alexandru F, 2012. The pedagogy of sociocultural diversity[J]. Euromentor journal, 3(4): 17-24.

Antón M, 1999. The discourse of a learner-centered classroom: sociocultural perspectives on teacher-learner interaction in the second-language classroom[J]. The modern language journal, 83(3): 303-318.

Archer M S, 2007. Structure, culture and agency[M]//The Blackwell Companion to the Sociology of Culture. Oxford: Blackwell Publishing Ltd: 17-34.

Archer M S, 2012. The reflexive imperative in late modernity[M]. Cambridge: Cambridge University Press.

Arshavskaya E, 2014. Analyzing mediation in dialogic exchanges in a pre-service second language (L2) teacher practicum blog: a sociocultural perspective[J]. System, 45: 129-137.

Atoofi S, 2013. Classroom has a heart: teachers and students affective alignment in a Persian heritage language classroom[J]. Linguistics and education, 24(2): 215-236.

Bakker A B, Hakanen J J, Demerouti E, et al, 2007. Job resources boost work engagement, particularly when job demands are high[J]. Journal of educational psychology, 99(2): 274-284.

Ball S J, Maguire M, Braun A, et al, 2011. Policy subjects and policy actors in schools: some necessary but insufficient analyses[J]. Discourse: studies in the cultural politics of education, 32(4): 611-624.

Barkhuizen G, 2011. Narrative knowledging in TESOL[J]. TESOL Quarterly, 45(3): 391-414.

Barkhuizen G. 2009. Topics, aims, and constraints in English teacher research: a Chinese case study [J]. TESOL Quarterly, 43(1):113-125.

Barkhuizen G, Wette R, 2008. Narrative frames for investigating the experiences of language teachers [J]. System, 36(3):372-387.

Berger K S, 2001. The developing person through the life span[M]. 5th ed. New York: Worth Publishers.

Bliss J, Askew M, Macrae S, 1996. Effective teaching and learning: scaffolding revisited[J]. Oxford review of education, 22(1): 37-61.

Boekaerts M, 2007. Understanding students' affective processes in the classroom [M]//Emotion in Education. Amsterdam: Elsevier:37-56.

Bogdan R, Biklen S K, 1982. Qualitative research for education: an introduction to theory and methods[M]. Boston: Allyn and Bacon.

Borg S, 2010a. Contemporary themes in language teacher education[J]. Foreign languages in China, 7(4):84-89.

Borg S, 2010b. Language teacher research engagement[J]. Language teaching, 43(4):391-429.

Borg S, 2009. English language teachers' conceptions of research[J]. Applied linguistics,30(3): 358-388.

Borg S, Liu Y D, 2013. Chinese college English teachers' research engagement[J]. TESOL Quarterly, 47(2): 270-299.

Borg S, 2007. Research engagement in English language teaching[J]. Teaching and teacher education, 23(5):731-747.

Borg S, 2006. Teacher cognition and language education: research and practice[M]. London: Continuum.

Bourdieu P, 1986. The forms of capital[C]// Richardson J G. Handbook of theory and research for the sociology of education. New York: Greenwood: 241-258.

Brinkmann S, 2018. The Interview[C]// Denzin N K, Lincoln Y S. The sage handbook of qualitative research. London: Sage Publishing House: 997-1038.

Bronfenbrenner U, 1992. Ecological system theory[C]//Vasta R. Six theories of child development: revised formulations and current issues. London: Jessica Kingsley Publishers: 187-249.

Bronfenbrenner U, 2005. Making human beings human: bioecological perspectives on human development[M]. Thousand Oaks: Sage Publications.

Bronfenbrenner U, Morris P A, 2006. The Bioecological model of human development[C]// Damon W, Lerner R M. Handbook of child psychology: theoretical models of human development. New York: Wiley: 793-828.

Bronfenbrenner U, 1993. The ecology of cognitive development: research models and fugitive findings[C]// Arnold K I C, King I C. College student development and academic life: psychological, intellectual, social, and moral issues. London and New York: Routledge: 295-336.

Bronfenbrenner U, 1979. The ecology of human development: experiments by nature and design[M]. Cambridge: Harvard University Press.

Bronfenbrenner U, 1976. The experimental ecology of education[J]. Educational researcher, 5(9): 5-15.

Brown J, Knowles, Murray D, et al, 1992. The place of research within the TESOL organization[M]. Alexandria: TESOL.

Bullough R V, 1993. Continuity and change in teacher development: first year teacher after five years[J]. Journal of teacher education, 44(2): 86-95.

Burden P R, 1972. Teachers' perceptions of the characteristic and influences on their personal and professional development[D]. Columbus: The Ohio State University.

Butler E A, Lee T L, Gross J J, 2007. Emotion regulation and culture: are the social consequences of emotion suppression culture-specific? [J]. Emotion (Washington D. C.), 7(1): 30-48.

Carrillo C, Flores M A, 2020. COVID-19 and teacher education: a literature review of online teaching and learning practices[J]. European journal of teacher education, 43 (4): 466-487.

Chang M, 2013. Toward a theoretical model to understand teacher emotions and teacher burnout in the context of student misbehavior: appraisal, regulation and coping [J]. Motivation and emotion, 37(4): 799-817.

Charteris J, 2016. Dialogic feedback as divergent assessment for learning: an ecological approach to teacher professional development[J]. Critical studies in education, 57(3): 277-295.

Cheng J Y, Li W, 2019. Individual agency and changing language education policy in

China: reactions to the new guidelines on college English teaching [J]. Current issues in language planning, 22(1/2): 117-135.

Childs S S, 2011. Language teacher cognition: tracing the conceptualizations of second language teachers[D]. Pennsylvania: The Pennsylvania State University.

Chimbutane F, 2011. Rethinking bilingual education in postcolonial contexts[J]. Multilingual matters, 31 (34):200.

Christmas D, Kudzai C, Josiah M, 2012. Vygotsky's zone of proximal development theory: what are its implications for mathematical teaching? [J]. Greener journal of social sciences, 3(7):371-376.

Chung J, Choi T, 2016. English education policies in South Korea: planned and enacted[M]//Language Policy. Cham: Springer International Publishing: 281-299.

Chu W X, Liu H G, Fang F, 2021. A tale of three excellent Chinese EFL teachers: unpacking teacher professional qualities for their sustainable career trajectories from an ecological perspective[J]. Sustainability, 13(12): 6721.

Cincotta-Segi A, 2011a. Talking in, talking around and talking about the L2: three literacy teaching responses to L2 medium of instruction in the Lao PDR[J]. Compare: a Journal of comparative and international education, 41(2): 195-209.

Cincotta-Segi A , 2011b. 'The big ones swallow the small ones'. Or do they? Language-in-education policy and ethnic minority education in the Lao PDR[J]. Journal of multilingual and multicultural development, 32(1): 1-15.

Cincotta-Segi A, 2009. 'The big ones swallow the small ones.' Or do they? The language policy and practice of ethnic minority education in the Lao PDR: a case study from Nalae[D]. Canberra :The Australian National University.

Clandinin D J, Connelly F M, 2000. Narrative inquiry: experience and story in qualitative research[M]. San Francisco: Jossey-Bass Publishers.

Clandinin D J, 2007. Handbook of narrative inquiry: mapping a methodology [C]. Thousand Oaks: Sage Publications.

Cochran-Smith M, Feiman-Nemser S, McIntyre D, et al, 2008. Handbook of research on teacher education: enduring questions in changing contexts[C]. New York: Routledge: 269-289.

Cohen L, Manion L, Morrison K, 2007. Research methods in education[M]. London & New York: Routledge.

Corrigan D C, Haberman M, 1990. The context of teacher education[C]// Houston R. Handbook of research onteacher education. London: McMillan: 195-211.

Cowie N, 2011. Emotions that experienced English as a Foreign Language (EFL) teachers feel about their students, their colleagues and their work[J]. Teaching and teacher education, 27(1): 235-242.

Cross D I, Hong, J Y, 2012. An ecological examination of teachers' emotions in the school context [J]. Teaching and teacher education, 28(7):957-967.

Cross R, 2009. A sociocultural framework for language policy and planning[J]. Language problems and language planning, 33(1): 22-42.

Damasio A R, 1995. Descartes' error: emotion, reason, and the human brain[M]. New York: Avon Books.

Dang T K A, 2013. Identity in activity: examining teacher professional identity formation in the paired-placement of student teachers[J]. Teaching and teacher education, 30(1):47-59.

Darby A, 2008. Teachers' emotions in the reconstruction of professional self-understanding[J]. Teaching and teacher education, 24(5):1160-1172.

Day C, Qing G, 2009. Teacher emotions: well being and effectiveness[M]//Advances in Teacher Emotion Research. Boston: Springer US: 15-31.

Day C, 2011. Uncertain professional identities: managing the emotional contexts of teaching[M]//Day C, Lee J K. New understandings of teacher's work. Dordrecht: Springer: 45-64.

De Guerrero M C M, 2005. Inner Speech — L2: thinking words in a second language [M]. Boston: Springer US.

Dewey J, 1938. Experience and education[M]. New York: Macrrillan Compemy.

Dorman J P, 2000. Validation and use of an instrument to assess university-level psychosocial environment in Australian universities[J]. Journal of further and higher education, 24(1): 25-38.

Duff P A, 2012. The routledge handbook of seconol langnage acquisition. New York/London: Routledge. Identity, agency, and second language acquisition[C]//Gass S M & Mackey A.

Dunphy B C, Dunphy S L, 2003. Assisted performance and the zone of proximal development (ZPD): A potential framework for providing surgical education[J]. Australian journal of educational & developmental psychology, 3:48-58.

Eisenman G, Thornton H J, 1999. Telementoring: helping new teachers through the first year[J]. T H E Journal, 26: 79-82.

Elizabeth R, Miller, 2018. Language teacher agency, emotion labor and emotional rewards in tertiary-level English language programs[J]. System, 79: 49-59.

Ellett C D, Monsaas J, 2011. Development and validation of a new measure of teacher perceptions of science and mathematics learning environments[J]. Learning environments research, 14(2): 91-107.

Ellis V, Edwards A, Smagorinsky P, 2010. Cultural-historical perspectives on teacher education and development: learning teaching [C]. London: Routledge.

Faez F, 2011. Points of departure: developing the knowledge base of ESL and FSL teachers for K-12 programs in Canada[J]. Canadian journal of applied linguistics, 14: 29-49.

Farrell T S C, 2003. Learning to teach English language during the first year: personal influences and challenges[J]. Teaching and teacher education, 19(1): 95-111.

Farrell T S C, 2012. Novice-service language teacher development: bridging the gap between preservice and In-service education and development[J]. TESOL Quarterly, 46 (3): 435-449.

Feryok A, 2012. Activity theory and language teacher agency[J]. The modern language journal, 96(1): 95-107.

Fleer M, Rey F G, Veresov N, 2017. Perezhivanie, emotions and subjectivity: advancing vygotsky's legacy[M]. Singapore: Springer.

Fraser B J, 1998. Classroom environment instruments: development, validity and applications[J]. Learning environments research, 1(1): 7-34.

Fraser B J, 1989. Twenty years of classroom climate work: progress and prospect [J]. Journal of curriculum studies, 21(4): 307-327.

Frawley W, 1997. Vygotsky and cognitive science: language and the unification of the social and computational mind[M]. Cambridge: Harvard University Press.

Freeman D, Johnson K E, 1998. Reconceptualizing the knowledge-base of language teacher education[J]. TESOL Quarterly, 32(3): 397.

Freeman D, 2002. The hidden side of the work: teacher knowledge and learning to teach. A perspective from North American educational research on teacher education in English language teaching[J]. Language teaching, 35(1): 1-13.

Freeman R D, 1998. Bilingual education and social change[J]. Bilingual education (1): 271.

Freeman R D, Cummins J, 2004. Building on community bilingualism[M]. Philadelphia: Caslon Publishing.

Fuller F F, Brown O H, 1975. Becoming a teacher[C]// Ryan K. Teacher education: the seventy-fourth yearbook of the national society for the study of education. Chicago: National Society for the Study of Education: 25-51.

Furberg A, Arnseth H C, 2009. Reconsidering conceptual change from a socio-cultural perspective: analyzing students' meaning making in genetics in collaborative learning activities[J]. Cultural studies of science education, 4(1): 157-191.

Gao X, 2008. Teachers' professional vulnerability and cultural tradition: a Chinese paradox[J]. Teaching and teacher education, 24(1):154-165.

Gavish B, Friedman I A, 2010. Novice teachers' experience of teaching: a dynamic aspect of burnout[J]. Social psychology of education, 13(2): 141-167.

Geertz C, 1973. The interpretation of culture[M]. New York: Basic books.

Gkonou C, 2017. Towards an ecological understanding of language anxiety[M]//New insights into language anxiety. London: Multilingual Matters: 135-155.

Golombek P, Doran M, 2014. Unifying cognition, emotion, and activity in language teacher professional development[J]. Teaching and teacher education(39): 102-111.

Gorodetsky M, Barak J, 2008. The educational-cultural edge: a participative learning environment for co-emergence of personal and institutional growth[J]. Teaching and teacher education, 24(7): 1907-1918.

Grossman P, McDonald M, 2008. Back to the future: directions for research in teaching and teacher education[J]. American educational research journal, 45(1): 184-205.

Gu Q, Day C, 2007. Teachers resilience: a necessary condition for effectiveness[J]. Teaching and teacher education, 23(8): 1302-1316.

Hagenauer G, Volet S E, 2014. "I don't hide my feelings, even though I try to": insight into teacher educator emotion display[J]. The Australian educational researcher, 41(3): 261-281.

Hall A, 2007. Vygotsky goes online: learning design from a socio-cultural perspective[C]//Irina V, Peter K, Gillian V. Learning and socio-cultural theory: exploring modern vygotskian perspectives international workshop 2007. NSW: University of Wollongong: 94-107.

Han C Y, Wu Z J, 2015. Teacher learning across boundaries: challenge to the legitimacy of language teachers' disciplinary knowledge[J]. Asia-pacific journal of teacher education, 43(3): 225-242.

Hargreaves A, 2005. Educational change takes ages: life, career and generational factors in teachers' emotional responses to educational change[J]. Teaching and teacher education, 21(8):967-983.

Hargreaves A, 2001. Emotional geographies of teaching[J]. Teachers college record: the voice of scholarship in education, 103(6): 1056-1080.

Hargreaves A, 2000. Mixed emotions: teachers' perceptions of their interactions with students[J]. Teaching and teacher education, 16(8): 811-826.

Hargreaves A, 1998. The emotional practice of teaching[J]. Teaching and teacher education, 14(8): 835-854.

Haugen E, 2001. The ecology of language[C]// Fill A, Mühlhäusler P. The ecolinguistics reader: language, ecology and environment. London: Continuum: 57-66.

Hofstadler N, Babic S, Lämmerer A, et al, 2021. The ecology of CLIL teachers in Austria-an ecological perspective on CLIL teachers' wellbeing[J]. Innovation in language learning and teaching, 15(3): 218-232.

Hornberger N H, Johnson D C, 2007. Slicing the onion ethnographically: layers and spaces in multilingual language education policy and practice[J]. TESOL Quarterly, 41(3): 509-532.

Houston W R, 2008. Settings are more than sites[C]// Cochran-Smith M, Freiman-Memser S, Mcintyre J, et al. Handbook of research on teacher education: enduring questions in changing contexts. New York: Routledge: 388-393.

Howey, Kenneth R, Zimpher, et al, 1994. Informing faculty development for teacher educators[M]. Norwood: Ablex Pub Corp.

Huang, S. 2006. An assessment of science teachers' perceptions of secondary school environments in Taiwan[J]. International journal of science education, 28: 25-44.

Hunter J, Cooke D, 2007. Through autonomy to agency: giving power to language learners[J]. Prospect, 22(2): 72-88.

Hwang H, 2014. The influence of the ecological contexts of teacher education on South Korean teacher educators' professional development[J]. Teaching and teacher education, 43: 1-14.

Johnson B, McClure R, 2004. Validity and reliability of a shortened, revised version of the constructivist learning environment survey (CLES)[J]. Learning environments research, 7(1): 65-80.

Johnson D C, 2010. Implementational and ideological spaces in bilingual education language policy[J]. International journal of bilingual education and bilingualism, 13(1): 61-79.

Johnson D C, Johnson E J, 2015. Power and agency in language policy appropriation[J]. Language policy, 14(3): 221-243.

Johnson K E, 2009. Second language teacher education: a sociocultural perspective[M]. New York: Routledge.

Johnson K E, 1996. The vision versus the reality: the tensions of the TESOL practicum[C]// Freeman D, Richards J C. Teacher learning in language teaching. Cambridge:

Cambridge University Press: 30-49.

John-Steiner V, Panofsky C P, Smith L W, 1994. Sociocultural approaches to language and literacy: an interactionist perspective[M]. Cambridge: Cambridge University Press.

Johnston B, Pawan F, Mahan-Taylor, 2005. The professional development of working ESL/EFL teachers: a pilot study[C]// Tedick D. Second language teacher education: international perspectives. Mahwah: Lawrence Erlbaum Associates: 54-72.

Joyce B R, Showers B, 2002. Student achievement through staff development[M]. Alexandria: Association for Supervision & Curriculum Development.

Jurasaite-Harbison E, Rex L A, 2010. School cultures as contexts for informal teacher learning[J]. Teaching and teacher education, 26(2): 267-277.

Kagan D M, 1992. Professional growth among preservice and beginning teachers[J]. Review of educational research, 62(2): 129-169.

Kanno Y, Stuart C, 2011. Learning to become a second language teacher: identities-in-practice[J]. The modern language journal, 95(2): 236-252.

Kasbi S, Elahi Shirvan M, 2017. Ecological understanding of foreign language speaking anxiety: emerging patterns and dynamic systems[J]. Asian-pacific journal of second and foreign language education, 2(1): 1-20.

Kelchtermans G, 2014. Context matters[J]. Teachers and teaching, 20(1): 1-3.

Kelchtermans G, 2005. Teachers' emotions in educational reforms: self-understanding, vulnerable commitment and micropolitical literacy[J]. Teaching and teacher education, 21(8): 995-1006.

Koballa T R, Bradbury L U, 2009. Mentoring in support of science teaching[C]// Collins A, Gilespie N. The continuum of secondary science teacher preparation: knowledge, questions, and research recommendations. Rotterdam, Boston: Sense Publishing: 171-185.

Kramsch C, Steffensen S V, 2008. Ecological perspectives on second language acquisition and socialization[M]// Encyclopedia of language and education. Boston: Springer: 2595-2606.

Kumazawa M, 2013. Gaps too large: four novice EFL teachers' self-concept and motivation[J]. Teaching and teacher education, 33: 45-55.

Kuzmic J A, 1994. A beginning teacher's search for meaning: teacher socialization, organizational literacy, and empowerment[J]. Teaching and teacher education, 10(1): 15-27.

Lacey C, 1977. The socialization of teachers[M]. London: Methuen.

Lantolf J P, Appel G, 1994. Vygotskian approaches to second language research[C]. Norwood: Ablex.

Lantolf J, Pavlenko A,2001. Second language activity theory: understanding second language learners as people[C]// Breen P. Learner contributions to language learning: new directionsin research. Essex: Pearson Education:141-158.

Lantolf J P, Johnson K E, 2007. Extending firth and Wagner's (1997) ontological perspective to L2 classroom praxis and teacher education[J]. The modern language journal, 91: 877-892.

Lantolf J P, Pavlenko A, 1995. Sociocultural theory and second language acquisition[J]. Annual review of applied linguistics, 15: 108-124.

Lantolf J P, Poehner M E, 2014. Sociocultural theory and the pedagogical imperative in L2 education[M]. Oxford: Oxford University Press.

Lantolf J P, Thorne S L, 2006. Sociocultural theory and the genesis of second language development[M]. Oxford: Oxford University Press.

Larsen-Freeman D, 2016. Classroom-oriented research from a complex systems perspective[J]. Studies in second language learning and teaching, 6(3): 377-393.

Lasky S, 2005. A sociocultural approach to understanding teacher identity, agency and professional vulnerability in a context of secondary school reform[J]. Teaching and teacher education, 21(8): 899-916.

Lee C D, Smagorinsky P, 2000. Vygotskian perspectives on literacy research: constructing meaning through collaborative inquiry[M]. Cambridge: Cambridge University Press.

Lent R W, Brown S D, Hackett G, 1994. Toward a unifying social cognitive theory of career and academic interest, choice, and performance[J]. Journal of vocational behavior, 45(1):79-122.

Leont'ev A N,1981. Problems of the development of the mind[M]. Moscow: Progress.

Lewin K, Heider F, Heider G M,1936. Principles of topological psychology[M]. New York & London: McGraw-Hill Book Company, Inc.

Liddicoat A J, 2018. Constraints on agency in micro language policy and planning in schools: a case study of curriculum change[C] //Bouchard J, Glasgow G P. Agency in language policy and planning: critical inquiries. London & New York: Routledge: 149-170.

Little J W,1900. The mentor phenomenon and the social organization of teaching[J]. Review of research in education, 16: 297.

Liu H G, Yan C M, Fu J Y, 2022. Exploring livestream English teaching anxiety in the Chinese context: an ecological perspective[J]. Teaching and teacher education, 111(1): 1-10.

Liu Y, Xu Y, 2011. Inclusion or exclusion?: a narrative inquiry of a language teacher's identity experience in the "new work order" of competing pedagogies[J]. Teaching and teacher education, 27(3):589-597.

Lortie D C,1975. School teacher: a sociological study[M]. Chicago: University of Chicago Press.

Luk J C M, Wong R M H, 2010. Sociocultural perspectives on teacher language awareness in form-focused EFL classroom instruction[J]. Linguistics and education, 21(1):29-43.

Malderez A, Bodoczky C, 1999. Mentor courses: a resource book for teacher-trainers [M]. Cambridge: Cambridge University Press.

Mansfield C F, Ebersöhn L, Beltman S, et al, 2018. Great southern lands: making space for teacher resilience in South Africa and Australia[M]//Wosnitza M, Peixoto F, Beltman S, et al. Resilience in Education. Cham: Springer:53-71.

Marquardt S K, 2011. Retelling: a narrative inquiry into preservice TESOL teachers' study abroad experiences[D]. East Lansing: Michigan State University.

Martin J R,1992. English Text[M]. Amsterdam: John Benjamins Publishing Company.

Marx K, 1888. Theses on Feuerbach[C]// Tucker R. The marx-engels reader. New York: W. W. Norton: 1-3.

Maynard T, Furlong J, 1995. Learning to teach and models of mentoring[C]// Kelly T, Mayes A. Issues in mentoring. London: Routledge: 10-20.

Mercer S, 2012. The complexity of learner agency[J]. Apples-journal of applied language studies, 6(2): 41-59.

Merriam S B, Brockett R G, 2007. The profession and practice of adult education: an introduction[M]. San Francisco: John Wiley & Sons, Inc.

Miller J, 2003. Audible difference: ESL and social identity in schools[M]. Clevedon: Multilingual Matters.

Ministry of Education, 2012. The seven-year plan for foreign language education in China[M]. Beijing: High Education Press.

Min J G, 2017. A narrative research on professional development of Russian language teachers in university[D]. Changchun: Northeast Normal University.

Molle D, 2013. Facilitating professional development for teachers of English language learners[J]. Teaching and teacher education, 29: 197-207.

Moos R H, 1984. Context and coping: toward a unifying conceptual framework[J]. American journal of community psychology, 12(1): 5-36.

Moos R H, 1974. The social climate scales: an overview[M]. Palo Alto: Consulting Psychologists Press.

Multon K D, 2006. Career development[C]// Salkind N J. Encyclopedia of human development. Thousand Oaks: Sage Publications:219-226.

Ngang K T, 2013. Teaching as collective work: what are the needs of novice teachers? [J]. Procedia-social and behavioral sciences, 93: 195-199.

Ngoh M S, Tan I, 2000. Support for beginning teachers in Singapore schools[J]. REACT(1): 1-9.

Nias J, 1996. Thinking about feeling: the emotions in teaching[J]. Cambridge journal of education, 26(3): 293-306.

Norton B, 2000. Identity and language learning: gender, ethnicity and educational change[M]. London: Pearson Education.

Odell S J, Ferraro D P, 1992. Teacher mentoring and teacher retention[J]. Journal of Teacher education, 43(3): 200-204.

Oppenheimer S, Dvir N,2014. From ugly duckling to swan: stories of novice teachers [J]. teaching and teacher education, 37:140-149.

Oxford R L, 2017. Teaching and researching language learning strategies: self-regulation in context[M]. New York: Routledge.

Palmer P J, 1998. The courage to teach: exploring the inner landscape of a teacher's life[M]. San Francisco: Jossey-Bass.

Patton W, McMahon M,2014. Career development and systems theory: connecting theory and practice [M]. 3rd ed. New York: Springer.

Pavlenko A, Lantolf J P, 2000. Second language learning as participation and the reconstruction of selves[M]. Oxford: Oxford University Press.

Pekrun R, Schutz P A, 2007. Emotion in education[M]. Amsterdam: Academic Press.

Peng J E, 2012. Towards an ecological understanding of willingness to communicate in EFL classrooms in China[J]. System, 40(2):203-213.

Polly D,2012. Supporting mathematics instruction with an expert coaching model[J]. Mathematics teacher education and development, 14(1):78-93.

Priestley M, Minty S,2013. Curriculum for excellence:"a briuiant idea, but…"[J]. Scottish educational review, 45(1): 39-52.

Putnam R T, Borko H, 2000. What do new views of knowledge and thinking have to say about research on teacher learning?[J]. Educational researcher, 29: 4 - 15.

Qian X H, Verhoeven J C, 2004. From centralization to decentralization in Chinese higher education[J]. Education policy analysis archives, 12(67): 1 - 26.

Ramanathan V, 2005. Rethinking language planning and policy from the ground up: refashioning institutional realities and human lives[J]. Current issues in language planning, 6(2): 89 - 101.

Ramani G B, Siegler R S, 2014. How informal learning activities can promote children's numerical knowledge[M]. Oxford: Oxford handbooks online.

Rentoul A, Fraser B, 1983. Development of a school-level environment questionnaire[J]. Journal of educational administration, 21: 21 - 39.

Ricento T, 2000. Historical and theoretical perspectives in language policy and planning[J]. Journal of sociolinguistics, 4(2): 196 - 213.

Robinson S, 2008. Settings for teacher education: challenges in creating a stronger research base[C]// Cochran-Smith M, Freiman-Memser S, Mcintyre J, et al. Handbook of research on teacher education: enduring questions in changing contexts. New York: Routledge: 379 - 387.

Roth W M, 1999. Learning environments research, life world analysis, and solidarity in practice[J]. Learning environments research, 2(3): 225 - 247.

Ruan X, Zheng X, 2019. The rhetoric and the reality: exploring the dynamics of professional agency in the identity commitment of a Chinese female teacher[J]. Learning, culture and social interaction, 21: 348 - 361.

Saavedra E, 1996. Teachers study groups: contexts for transformative learning and action[J]. Theory into practice, 35(4): 271 - 277.

Sage S M, Adcock S S, Dixon A L, 2012. Why humanistic teacher education still matters[J]. Action in teacher education, 34(3): 204 - 220.

Sarason S B, 1996. Revisiting "The culture of the school and the problem of change"[M]. New York: Teachers College Press.

Sato K, Kleinsasser R C, 2004. Beliefs, practices, and interactions of teachers in a Japanese high school English department[J]. Teaching and teacher education, 20(8): 797 - 816.

Scherff L, 2008. Disavowed: the stories of two novice teachers[J]. Teaching and teacher education, 24(5): 1317 - 1332.

Schueller J, 2011. The multilingual subject: what foreign language learners say about their experience and why it matters review[J]. Monatshefte, 103(3): 440 - 441.

Scott D, Graven M, 2013. The dialectical relationship between theory and practice in the design of an after-school mathematics club[EB/OL]. (2016-06-23)[2022-10-11] https://www.ru.ac.za/media/rhodesuniversity/content/sanc/documents/Pythagoras-Stott-174.pdf.

See N L M, 2014. Mentoring and developing pedagogical content knowledge in beginning teachers[J]. Procedia social and behavioral sciences, 123:53-62.

Sharkey J, 2004. ESOL teachers' knowledge of context as critical mediator in curriculum development[J]. TESOL Quarterly, 38:279-299.

Shehadeh A, Levis J, Barkhuizen G, 2009. Topics, aims, and constraints in English teacher research: a Chinese case study[J]. TESOL Quarterly, 43(1): 113-125.

Shohamy E, 2010. Case of language policy resistance in Israel's centralized educational system[M]. London, New York: Routledge: 196-211.

Siyepu S, 2013. The zone of proximal development in the learning of mathematics [J]. South African journal of education, 33(2): 1-13.

Skilton-Sylvester E, 2003. Legal discourse and decisions, teacher policymaking and the multilingual classroom: constraining and supporting Khmer/English biliteracy in the United States[J]. International journal of bilingual education and bilingualism, 6(3/4): 168-184.

Smith P S, Hayes M L, Lyons K M, 2017. The ecology of instructional teacher leadership[J]. The journal of mathematical behavior, 46: 267-288.

Smith S J, Burdette P J, Cheatham G A, et al, 2016. Parental rde and support for online learring of with disabilities: a paradigm shift[J]. Spec Educ. Leadersh, 29, 101-112.

Steffensen S V, 2007. An introduction to dialectical linguistics[C]// Bang J C, Door J. Language ecology and society: a dialectical approach. London and New York: Continuum: 12-14.

Sutton R E, 2007. Teachers' anger, frustration, and self-regulation[M]//Emotion in Education. Amsterdam: Elsevier: 259-274.

Sutton R E, Wheatley K, 2003. Teachers' emotions and teaching: a review of the literature and directions for future research[J]. Educational psychology review, 15(4): 327-358.

Swain M, Kinnear P, Steinman L, 2011. Sociocultural theory in second language education: an introduction through narratives[M]. Bristol: Multilingual Matters.

Tao J, Gao X, 2017. Teacher agency and identity commitment in curricular reform [J]. Teaching and teacher education, 63:346-355.

Tao Y, Jiang Z H, 2021. An investigation into career development contexts of university Russian language teachers in China (1949—2019) from the perspective of ecological theory[J]. Chinese journal of applied linguistics, 44(2):166-186.

Tao Y, 2022. Russian language teachers' professional agency against the backdrop of the new national teaching quality standards in China: an ecological perspective[J]. Current issues in language planning, 23(4):347-370.

Teng F, 2019. Understanding teacher autonomy, teacher agency, and teacher identity: voices from four EFL student teachers[J]. English teaching & learning, 43(2):189-212.

Thomas S C, Farrell, 2003. Learning to teach English language during the first year: personal influences and challenges[J]. Teaching and teacher education (19):95-111.

Tollefson J W, 2012. Critical issues in language policy in education[M]. London, New York: Routledge:15-22.

Tomlinson P, 1995. Understanding mentoring: reflective strategies for school-based teacher preparation[M]. Buckingham: Open University Press.

Tsui A B M, 2007. Complexities of identity formation: a narrative inquiry of an EFL teacher[J]. TESOL Quarterly, 41(4):657-680.

Tsui A B M, Law D Y K, 2007. Learning as boundary-crossing in school-university partnership [J]. Teaching and teacher education, 23(8):1289-1301.

Tudor I, 2003. Learning to live with complexity: towards an ecological perspective on language teaching[J]. System, 31(1):1-12.

Valickis P K, 2014. Novice teachers' professional development during the induction year[J]. Procedia-social and behavioral sciences, 112:764-774.

Van Lier L, 2007. Action-based teaching, autonomy and identity[J]. Innovation in language learning and teaching, 1(1):46-65.

Van Lier L, 2010. Foreword: agency, self and identity in language learning[C]// O'Rourke B, Carson L. Language learner autonomy. Policy, curriculum, classroom. Frankfurt am Main: Peter Lang:9-18.

Van Lier L, 2000. From input to affordance: social-interactive learning from an ecological perspective[C]// Lantolf J P. Sociocultural theory and second language learning. Oxford: Oxford University Press:245-259.

Van Lier L, 2011. Language learning: an ecologicalsemiotic approach[C]// Hinkel E. Handbook of research in second language teaching and learning. New York: Routledge:383-394.

Van Lier L, 2004. The ecology and semiotics of language learning: a sociocultural perspective[M]. Dordrecht: Springer Netherlands.

Van Lier L,2008. The ecology of language learning and sociocultural theory[M]// Encyclopedia of language and education. Boston: Springer US: 2949-2961.

Van Veen K, Sleegers P, 2006. How does it feel? Teachers' emotions in a context of change[J]. Journal of curriculum studies, 38(1): 85-111.

Van Veen K, Sleegers P, 2009. Teachers' emotions in a context of reforms: to a deeper understanding of teachers and reforms[C]//Schutz P, Zembylas M. Advances in teacher emotion research. Boston: Springer: 233-251.

Van Veen K, Sleegers P, Van de Ven P H, 2005. One teacher's identity, emotions, and commitment to change: a case study into the cognitive-affective processes of a secondary school teacher in the context of reforms[J]. Teaching and teacher education, 21(8), 917-934.

Vaughn L, 2010. Psychology and culture: thinking, feeling, and behaving in global contexts[M]. New York: Psychology Press.

Veenman S, 1984. Perceived problems of beginning teachers[J]. Review of educational research, 54(2): 143-178.

Vygotsky L S, Cole M, 1978. Mind in society: the development of higher psychological processes[M]. Cambridge: Harvard University Press.

Vygotsky L S, Hanfmann E, Vakar G, 1965. Thought and language[M]. Cambridge: MIT Press.

Vygotsky L S, 1994. The problem of environment[C]// Vander Vee R, Valsiner J. The Vygotsky reader. Cambridge: Blackwell:338-354.

Vygotsky L S, 1962. Thought and language[M]. Cambridge, MA: MIT Press.

Vygotsky L S, 1986. Thought and language(translation newly revised and edited by Alex Kozulin)[M]. Cambridge, MA: MIT Press.

Waldron V R, 2012. Communicating emotion at work[M]. Cambridge: Polity Press.

Wang H X,2009. An investigation into the current situation of college English teachers and their teaching[J]. Foreign language world(4): 6-13.

Watkins-Goffman L,2006. Understanding cultural narratives: exploring identity and the multicultural experience[M]. Ann Arbor: University of Michigan Press.

Williams A, Prestage S, Bedward J, 2001. Individualism to Collaboration: the significance of teacher culture to the induction of newly qualified teachers[J]. Journal of education for teaching, 27(3): 253-267.

Wolfe D M, Kolb D A,1980. Beyond specialization: the quest for integration in midcareer[C]// Derr N C. Work, family and career. New York: Praegen: 1-2.

Wood D, Bruner J S, Ross G, 1976. The role of tutoring in problem solving[J]. Journal of child psychology and psychiatry, and allied disciplines, 17(2): 89 – 100.

Wright R, Martland J, Stafford A K, et al, 2006. Teaching number: advancing children's skills and strategies [C]. London: Paul Chapman Publishing.

Xu Y T, 2013. Language teacher emotion in relationships: a multiple case study [M]//Zhu X, Zeichner K. Preparing teachers for the 21st century. Berlin, Heidelberg: Springer: 371 – 393.

Xu Y T, Liu Y C, 2009. Teacher assessment knowledge and practice: a narrative inquiry of a Chinese college EFL teacher's experience[J]. TESOL Quarterly, 43: 492 – 513.

Yoon B, Kim H,2012. Teachers' roles in second language learning: classroom applications of sociocultural theory[M]. Charlotte, North Carolina: Information Age Publishing.

Zeichner K M, Tabachnick B R, 1985. The development of teacher perspectives: social strategies and insitutional control in the socialization of beginning teachers[J]. Journal of education for teaching(10): 1 – 25.

Zeichner K, 2008. Introduction: settings for teacher education[C]// Cochran-Smith M, Freiman-Memser S, Mcintyre J, et al. Handbook of research on teacher education: enduring questions in changing contexts. New York: Routledge: 263 – 268.

Zeichner K, Conklin H G, 2008. Teacher education programs as sites for teacher preparation[C]// Cochran-Smith M, Feiman-Nemser S, McIntyre D , et al. Handbook of research on teacher education. London & New York: Routledge: 269 – 289.

Zeichner K, 2006. Studying teacher education programs: enriching and enlarging the inquiry[C] // Conrad C, Serlin R C. The SAGE handbook for research in education: engaging ideas and enriching inquiry. Thousand Oaks: Sage Publications: 79 – 94.

Zembylas M, 2003. Caring for teacher emotion: reflections on teacher self-development[J]. Studies in philosophy and education, 22(2):103 – 125.

Zembylas M, Charalambous C, Charalambous P, 2014. The schooling of emotion and memory: analyzing emotional styles in the context of a teacher's pedagogical practices[J]. Teaching and teacher education, 44:69 – 80.

Zembylas M, 2005. Teaching with emotion: a postmodern enactment[M]. Greenwich: Information Age Publishing.

Zembylas M, 2021. The affective dimension of everyday resistance: implications for critical pedagogy in engaging with neoliberalism's educational impact[J]. Critical studies in education, 62(2): 211 – 226.

Zhao S H, Baldauf R B, 2012. Individual agency in language planning: Chinese script reform as a case study[J]. Language problems and language planning, 36: 1 – 24.

中文文献

安丰存,王铭玉,2021.新文科视阈下外语课程思政与外语人才素养培养[J].外语电化教学(6):45-50+7.

毕雪飞,2013.中国高校英语专业课堂心理环境特征研究[J].中国外语,10(3):68-74.

曹慕尧,2002.延安抗大俄文队:中国两所大学的发源地[J].党史纵横(7):21-23.

陈桦,王海啸,2013.大学英语教师科研观的调查与分析[J].外语与外语教学,270(3):25-29.

陈向明,2000.质的研究方法与社会科学研究[M].北京:教育科学出版社.

程晓堂,2006.英语教师职业倦怠情况调查[J].外语艺术教育研究(4):47-52.

戴曼纯,张希春.2004.高校英语教师素质抽样调查[J].解放军外国语学院学报,27(2):42-46.

戴炜栋,2008.高校外语专业教育发展报告(1978—2008)[M].上海:上海外语教育出版社.

戴炜栋,胡文仲,2009.中国外语教育发展研究(1949—2009)[M].上海:上海外语教育出版社.

杜威,2014.我们如何思维[M].2版.北京:新华出版社.

樊丽明,杨灿明,马骁,等,2019.新文科建设的内涵与发展路径(笔谈)[J].中国高教研究(10):10-13.

冯大鸣,2004.道德领导及其文化意蕴[J].全球教育展望,33(3):15-18.

高长江,张艺,2015.高校教师发展与生态优化研究[J].现代教育科学(7):125-130.

高等学校外语专业教学指导委员会 俄语组,2003.高等学校俄语专业教学大纲[M].北京:外语教学与研究出版社.

高亚天,1951.教学计划和教学大纲的制定与贯彻[J].俄文教学(1):22-25.

古海波,2016.高校外语教师科研情感叙事案例研究[D].苏州:苏州大学.

古海波,顾佩娅,2019.高校英语教师科研情感调节策略案例研究[J].解放军外国语学院学报,42(5):57-65.

古海波,惠欣雨,戈向红,2022.研究型英语教师专业发展的叙事探究[J].小学教学研究(25):8-12+20.

古海波,赵璐,王玉,2021.生态动态系统论视角下初中英语教师职业倦怠案例研究[J].基础外语教育,23(2):22-30+107.

顾佩娅,等,2017.中国高校英语教师专业发展环境研究[M].北京:外语教学与研究出版社.

顾佩娅,古海波,陶伟,2014. 高校英语教师专业发展环境调查[J]. 解放军外国语学院学报,37(4):51-58.

顾佩娅,古海波,2015. 在与环境的互动中成长:老一代优秀英语教师发展案例研究[J]. 外国语文研究,1(3):95-104.

顾佩娅,2008. 解析优秀外语教师认知过程与专业成长[J]. 外语研究(3):39-45.

顾佩娅,陶伟,古海波,等,2016. 外语教师专业发展环境研究综述[J]. 外语教学与研究,48(1):99-108+161.

顾佩娅,许悦婷,古海波,2013. 高校英语教师专业发展环境叙事问卷的设计与初步应用[J]. 中国外语,10(6):88-95.

郭英剑,2020. 对"新文科,大外语"时代外语教育几个重大问题的思考[J]. 中国外语,17(1):4-12.

何红梅,马步宁,武晓霞,2017. 中国大学俄语教学:历史与发展[J]. 外语学刊(2):98-104.

和伟,2019. "课程思政"融入大学英语课程教学路径研究[J]. 中州大学学报,36(6):96-100.

贺祖斌,王茹,2015. 大学教学文化与教师发展生态[J]. 高等教育研究,36(1):57-61.

黑龙江大学校史编写组,2001. 黑龙江大学校史:1941—2001[M]. 哈尔滨:黑龙江人民出版社.

侯英凡,2016. 新入职英语教师专业发展自主性研究[M]. 武汉:华中师范大学出版社.

胡亚琳,王蔷,2014. 教师情感研究综述:概念、理论视角与研究主题[J]. 外语界(1):40-48.

胡开宝,2020. 新文科视域下外语学科的建设与发展:理念与路径[J]. 中国外语,17(3):14-19.

华邵,2021. 我的俄语教学与研究经历[J]. 欧亚人文研究(1):1-8.

黄东晶,2018. 试论新国标语境下的俄语专业教师发展[J]. 中国俄语教学,37(3):80-84.

黄玫,2021. 俄语教育发展[C]//人类命运的回响:中国共产党外语教育100年. 北京:外语教学与研究出版社,128-148.

黄启兵,田晓明,2020. "新文科"的来源、特性及建设路径[J]. 苏州大学学报(教育科学版),8(2):75-83.

黄秀兰,2014. 维果茨基心理学思想精要[M]. 广州:广东教育出版社.

季舒鸿,2019. 高校教师发展生态系统评价模型研究[J]. 通化师范学院学报,40(11):58-64.

贾德忠,2002. 加入 WTO 后我国非通用语专业发展思路初探[J]. 中国高教研究(5):90-91.

教育部高等学校外国语言文学类专业教学指导委员会,俄语专业教学指导分委员会,德语专业教学指导分委员会,等,2020. 普通高等学校本科外国语言文学类专业教学指南(下)[M]. 北京:外语教学与研究出版社,2020.

柯祖林,2007. 心理工具:教育的社会文化研究[M]. 黄佳芬,译. 上海:华东师范大学出版社.

雷玉梅,2013. 基于中俄联合办学的俄语教师专业化发展[J]. 经济师(11):162-163.

李莎. 我的中国缘分:李立三夫人李莎回忆录[M]. 北京:外语教学与研究出版社,2009.

李申申,2005. 有感于俄罗斯的副博士学位[J]. 江苏高教(6):127-129.

李霞,李昶颖,2021. 学校文化对高校英语教师学习影响的实证研究:教师能动性的中介作用[J]. 外语教学,42(6):79-84.

李永力,王庆伟,范若寻,等,2019. 课程思政在汽车专业课教学中的研究与实践[J]. 吉林化工学院学报,36(10):53-55.

李宇明,2015. "一带一路"需要语言铺路[J]. 中国科技语,17(6):62.

林成堂,2011. 教师感情理论研究[C]//载朱旭东. 教师专业发展理论研究. 北京:北京师范大学出版社,34-56.

刘光准,2001. 认清形势,转变观念,适应社会,改革创新[C]//中国专业俄语教学回顾与展望. 西安:陕西人民出版社,72-77.

刘宏,2021. 外语院校新文科建设理论与实践[J]. 中国外语,18(1):15-16.

刘佳慧,2015. 应用型本科大学英语教师发展的生态维度思考[J]. 江苏外语教学研究(2):5-7.

刘剑群,郭丽君,2017. 论高校教师发展系统的生态平衡[J]. 继续教育研究(5):69-72.

刘艳,蔡基刚. 2021. 新文科视域下新建商务英语专业教师身份认同研究[J]. 西安外国语大学学报,29(2):72-77.

刘蕴秋,2014. 实践智慧探索:社会文化视域下的中国英语教师发展研究[M]. 上海:华东师范大学.

罗俊才,1951. 中国人民大学俄文系的教学领导[J]. 俄文教学(1):26-27.

罗婷,刘健英,李弘,2006. 大学教师发展的生态环境初探[J]. 江西师范大学学报(哲学社会科学版),39(2):95-99.

毛泽东,1991. 毛泽东选集第四卷[M]. 2版. 北京:人民出版社.

孟亚茹,张宪,张妍华,等,2019. 基于中介调节的外语教师科研能力发展机制[J].

现代外语,42(6):830-841.

闵佳围,2017.高校俄语教师专业发展叙事研究[D].长春:东北师范大学.

宁琦,2020.社会需求与新文科建设的核心任务[J].上海交通大学学报(哲学社会科学版),28(2):13-17.

钱晓蕙,2008.跨学科复合型俄语人才培养模式的可行性分析:以中国人民大学俄语语言文学专业本科培养模式改革为例[J].中国俄语教学,27(1):12-16.

秦丽莉,2017.二语习得社会文化理论概论[M].北京:北京大学出版社.

秦丽莉,何艳华,欧阳西贝,2020a.生态给养视阈下英语知识内化机制构建:基于课堂展示活动[J].北京第二外国语学院学报,42(4):92-107.

秦丽莉,何艳华,欧阳西贝,2020b.大学英语混合式教学的"生态给养"转化有效性研究[J].外语界(6):79-86.

秦丽莉,何艳华,欧阳西贝,2019.新手教师情感对认知发展影响的叙事研究[J].现代外语,42(6):818-829.

秦丽莉,牛宝贵,2021.社会文化理论框架下的书面语言表达研究述评[J].浙江外国语学院学报(1):58-65.

秦丽莉,欧阳西贝,何艳华,2021.内容语言融合教学模式下学习者内容知识与语言知识的内化研究:社会文化理论的语言表达理念视角[J].中国外语,18(1):81-90.

Lantolf J,秦丽莉,2018.社会文化理论:哲学根源、学科属性、研究范式与方法[J].外语与外语教学(1):1-18,146.

秦丽莉,2015.社会文化视域下英语学习者能动性与身份之间的关系[J].外语教学,36(1):60-64.

秦丽莉,姚澜,牛宝贵,等,2022.社会文化理论框架下Perezhivanie的概念内涵与研究综述[J].北京第二外国语学院学报,44(1):11-24.

全国高等学校外语专业教学指导委员会,俄语教学指导委员会,2012.高等学校俄语专业教学大纲[M].2版.北京:外语教学与研究出版社.

饶从满,张贵新,2007.教师合作:教师发展的一个重要路径[J].教师教育研究,19(1):12-16.

史耕山,周燕,2007.儒家教育思想与中国外语教育传统[J].四川外语大学学报,23(4):129-133.

史新峰,樊广义,2017.网络化背景下高校青年教师发展的生态环境建构研究[J].教育评论(3):109-113.

宋改敏,2011.教师专业成长的学校生态环境[M].重庆:重庆大学出版社.

宋静波,2012.高校外语初任教师的教学专业发展研究:以F大学外文学院为例[D].上海:复旦大学.

孙芳,2020.情系俄语,教书育人:两代人的初心坚守:李英男口述史[J].欧亚人文研究(4): 79-85.

孙俊才, 卢家楣, 2007. 国外教师情绪研究的视角转换与启示[J]. 外国教育研究, 34(7): 19-23.

孙有中, 文秋芳, 王立非, 等, 2016. 准确理解《国标》精神, 积极促进教师发展: "《国标》指导下的英语类专业教师发展"笔谈[J]. 外语界(6): 9-15.

孙有中, 张虹, 张莲, 2018. 《国标》视野下外语类专业教师能力框架[J]. 中国外语, 15(2): 4-11.

孙云梅, 2010. 大学综合英语课堂环境调查与研究[J]. 外语教学与研究, 42(6): 438-444, 481.

唐丽玲, 赵永平, 2013. 西北高校外语教师职业倦怠与其影响因素的关系研究: 以甘肃省为例[J]. 黑龙江高教研究, 31(1): 99-103.

唐习华, 2009. 加强高校新教师入职初期的职业生涯管理[J]. 江苏高教(6): 128-129.

陶源, 聂品, 2019. 中国和俄罗斯人文交流史: 17世纪至今[M]. 北京: 科学出版社.

陶源, 2021. 社会文化理论视角下新入职俄语教师的职业适应研究[J]. 外语教学, 42(6): 73-78.

田晶, 2019. 地方高校转型背景下教师发展的生态体察[J]. 高教探索(1): 124-128.

王存文, 韩高军, 2012. "E+"双专业一体化复合型人才培养模式研究与实践[J]. 中国大学教学(2): 24-26.

王光荣, 2009. 文化的诠释: 维果茨基学派心理学[M]. 济南: 山东教育出版社.

王海啸, 2009. 大学英语教师与教学情况调查分析[J]. 外语界(4): 6-13.

王俊菊, 2021. 新文科建设对外语专业意味着什么?[J]. 中国外语, 18(1): 1.

王俊菊, 朱耀云, 2008. 师生关系情境中的教师学习: 基于叙事日志的个案研究[J]. 外语教学与研究, 40(4): 287-292.

王守仁, 2008. 高校大学外语教育发展报告: 1978—2008[M]. 上海: 上海外语教育出版社.

王晓婧, 陈文娟, 2014. 大学英语教师发展的教育生态环境构建[J]. 吕梁学院学报, 4(5): 60-62.

韦伯, 2000. 社会学的基本概念[M]. 胡景北, 译. 上海: 上海人民出版社.

文秋芳, 任庆梅, 2011. 探究我国高校外语教师互动发展的新模式[J]. 现代外语(1): 83-90+110.

文秋芳, 2019. 新中国外语教育70年:成就与挑战[J]. 外语教学与研究, 51(5): 735-745.

文秋芳,张虹,2017a. 倾听来自高校青年英语教师的心声:一项质性研究[J]. 外语教学,38(1):67-72.

文秋芳,张虹,2017b. 我国高校非通用外语教师面临的挑战与困境:一项质性研究[J]. 中国外语,14(6):96-100.

吴珂,2012. 情感教育[M]. 2版. 北京:中国社会科学出版社.

袭静,2017. 青年俄语教师职业生涯拓展问题研究[J]. 现代交际(14):35.

肖香龙,朱珠,2018. "大思政"格局下课程思政的探索与实践[J]. 思想理论教育导刊(10):133-135.

徐浩,2014. 高校外语新教师专业发展现状的调查研究:参与教师的视角[J]. 解放军外国语学院学报,37(4):59-66.

徐锦芬,李霞,2019. 社会文化理论视角下的高校英语教师学习研究[J]. 现代外语,42(6):842-854.

徐锦芬,张志武,2021. 社会文化理论视角下英语媒介教学学科教师语言意识发展研究[J]. 外语教学,42(6):67-72.

闫素华,2013. 农村新手英语教师专业发展需求调查研究[D]. 曲阜:曲阜师范大学.

杨画舒,李长安. 2020. 社会文化理论视域下的最近发展区研究[J]. 北方文学(36):107-108.

杨鲁新,王素娥,常海潮,2013. 应用语言学中的质性研究与分析[M]. 北京:外语教学与研究出版社.

叶澜,白益民,王彤,等,2001. 教师角色与教师发展新探[M]. 北京:教育科学出版社.

尹弘飚,2007. 教师情绪:课程改革中亟待正视的一个议题[J]. 教育发展研究,27(6):44-48.

尹弘飚,2008. 教师情绪研究:发展脉络与概念框架[J]. 全球教育展望,37(4):77-82.

于兰,陈仁,2014. 论网络环境下教师专业发展的"共同体"及其现实建构[J]. 教育科学,30(3):44-49.

张俊宗,2019. 新文科:四个维度的解读[J]. 西北师大学报(社会科学版),56(5):13-17.

张莲,2013. 高校外语教师专业发展的制约因素及对策:一项个案调查报告[J]. 中国外语,10(1):81-88.

张娜,2007. 依托学校办学特色与优势,培养复合型俄语人才:中央民族大学俄语专业教学改革的基本思路[J]. 中国俄语教学,26(4):11-13.

张庆宗,2011. 高校外语教师职业倦怠的成因分析及对策思考[J]. 中国外语,8(4):66-70.

赵健,2006. 学习共同体:关于学习的社会文化分析[M]. 上海:华东师范大学出版社.

赵秋野,2003. 俄罗斯心理语言学与俄语教学[J]. 现代外语,26(3):318-325.

赵雪梅,2007. 大学新英语教师课堂教学特点个案研究[D]. 济南:山东大学.

郑友训,2004. 教师团队:新教师专业成长的助推剂[J]. 辽宁教育研究(10):88-90.

周燕,曹荣平,王文峰,2008. 在教学和互动中成长:外语教师发展条件与过程研究[J]. 外语研究(3):51-55.

周燕,2005. 高校英语教师发展需求调查与研究[J]. 外语教学与研究,37(3):206-210.

周燕,2011. 用精神行走的人:记老一代北外外语教师的教育人生[M]. 北京:外语教学与研究出版社.

周毅,李卓卓,2019. 新文科建设的理路与设计[J]. 中国大学教学(6):52-59.

朱小蔓,2005. 情感德育论[M]. 北京:人民教育出版社.

朱旭东,2011. 教师专业发展理论研究[M]. 北京:北京师范大学出版社.

后　记

经过三年的辛勤耕耘,《新中国高校俄语教师职业发展环境研究》一书初稿终于完成。本书即将交稿之际,回首三年的研究之路,不禁多有感慨。

这一刻,身为一名有着26年教龄的俄语教师,职业道路上的起起伏伏,悲欢离合不由得涌上心头。1996年,年轻而懵懂的我怀着对俄语专业的热爱和对教师工作的期待走上了讲台。但是现实却给了我重重的一击,俄语教学在安徽财经大学只是公共第二外语,我的学生全都来自财经类专业,他们的第一外语是英语,学有余力再选修一门二外。最初的3年,工作量还能勉强完成,后来学校又入职了2位老师,我们3个人都面临工作量不足的问题。不安于现状的我开始寻找另一条人生出路。虽然中间几度想要转到经济管理类专业,彻底摆脱俄语专业的窘境,但是对俄语和俄罗斯文化的热爱还是让我坚守着这片土地。2000年,我遇到了导师胡谷明教授,从此在俄语语言学、翻译学的道路上深挖细耕,并几度扩展,研究涉及典籍外译、俄罗斯中国史学研究等诸多领域。20多年过去了,我也由一名年轻的俄语人成长为资深的俄语教师,我的学生遍布俄语区各国,其中一批学生已经成就斐然。

俄语教学是随着新中国而诞生的,2019年是新中国成立70周年暨俄语教学70周年,作为一名资深的俄语教师,我深深感到有必要描写这个坚韧、顽强、吃苦耐劳、百折不挠的群体,有必要让学界和后人铭记我们和前辈们的努力、奋斗、适应、改革的历程,有必要展现我们克服重重困难终将自身的职业融入祖国教育事业的经历。几经构思,《新中国高校俄语教师职业发展环境研究》框架终于形成,全书以人本主义的社会文化理论和生态系统理论为基础,以数十位俄语教师的访谈和叙述为数据来源,描写了新中国70余年来几代俄语人的奋斗、成长和心路历程。

在本书即将完成之际,学校推出了"东南学术文库"项目,本书有幸入选,得以资助出版,在此深表感谢!

本书的完成还要感谢接受本书访谈、课堂观察和叙事问卷调查的数十位俄语教师,没有他们的支持和帮助,本书的研究不够丰满,甚至无法完成。

本书撰写期间也是我的人生历经考验的三年,疾病、手术、调动、南迁,几度急救住进医院,至今仍为各种顽疾所困扰,即便如此,梦想终不能放弃,热爱与坚持让我完成了本书,并以此献给这段不平凡的岁月。

作 者

2022年11月15日星期二于南京九龙湖